本书编委会

主　　编：王海斌

副主编：雷卫星　　王钰超　　郑凌燕　　范克伟　　王裕华

编　　委（按照姓氏笔画排序）：

尹会芳　　叶江华　　刘芳芳　　严建彬　　严荷花

杨信锟　　张银福　　陈江南　　钟亮梅　　洪　蕾

郭晓云　　黄桂珍　　温东荣　　樊昌华

创新创业实战

主　编：王海斌

厦门大学出版社　国家一级出版社
XIAMEN UNIVERSITY PRESS　全国百佳图书出版单位

图书在版编目（CIP）数据

创新创业实战 / 王海斌主编. -- 厦门：厦门大学
出版社，2022.9
ISBN 978-7-5615-8658-7

Ⅰ．①创… Ⅱ．①王… Ⅲ．①大学生－创业－高等学
校－教材 Ⅳ．①G647.38

中国版本图书馆CIP数据核字(2022)第119353号

出 版 人　郑文礼
责任编辑　李峰伟

出版发行　厦门大学出版社
社　　址　厦门市软件园二期望海路 39 号
邮政编码　361008
总　　机　0592-2181111　0592-2181406(传真)
营销中心　0592-2184458　0592-2181365
网　　址　http://www.xmupress.com
邮　　箱　xmup@xmupress.com
印　　刷　厦门市明亮彩印有限公司

开本　787 mm×1 092 mm　1/16
印张　14.25
插页　2
字数　300 千字
版次　2022 年 9 月第 1 版
印次　2022 年 9 月第 1 次印刷
定价　45.00 元

厦门大学出版社
微信二维码

厦门大学出版社
微博二维码

前　言

随着时代的发展进步,创新创业已经成为 21 世纪国家整体发展的主要推动力。在"大众创业、万众创新"的大背景下,社会对高校学生创新创业能力的培养也有了更高的要求。完善课程体系,加强学生的就业能力,提升大学生创新创业能力,促进全民就业,是国家和社会对高校课程建设的高目标和高期许。

当代大学生富有激情和冲劲,对创新创业常揣有一往直前的勇气和毅力。他们对创新创业不乏理论知识,但由于实践经验的缺乏,没有经历市场的风雨考验,当真正创业时,他们会比职场过来人显得盲目,承担更多的风险。这说明大学生创业者不仅要努力学习理论知识,还要提高自己的实践能力,只有将知识转化为实际操作,在实践中发现自身的不足和缺漏之处,才能在真正创业时减少盲目,积累更多的底气。

刘勰在《文心雕龙》中提到"操千曲而后晓声,观千剑而后识器",以此说明实践的重要性。大学生是国家的新生力量,更是社会主义事业的建设者和接班人。高校作为培养人才的重要平台,开展创新创业教育,不仅要在理论中释放大学生的创新创业动能,更要创造实践机会,让大学生的社会责任感、团队合作精神和创新创业能力在实践中得到进一步升华。当前,创新创业教育在高校如火如荼地进行,但仍存在不足。目前国内的管理课程一般都以理论加案例为主,实践式教学的方式应用较少,理论教学内容比较枯燥,学生很难做到深入、迅速地理解和掌握。从现存问题来看,创新创业课程不能只停留在理论层面,搭建实践环境对创新创业教育至关重要。

企业资源计划(enterprise resource planning,ERP)沙盘实训课程作为一种体验式的教学方式,是继传统教学及案例教学之后的一种教学创新,它通过仿真模拟手段和企业规划、角色扮演、团队合作等方式完成企业经营。学生借助沙盘模拟,可以强化自身管理知识、训练管理技能、提高综合素质。在沙盘模拟的过程中,学生把自己亲身经历的宝贵实践经验转化为全面的理论模型,推演自己的企业经营管理思路。每一次基于现场的案例分析及基于数据分析的企业诊断,都会使学生受益匪浅,达到提升商业决策敏感度、决策能力及长期规划能力的目的。不仅如此,沙盘模拟相比传统的企业管理课程,显得更加生动有趣,达到寓教于乐、寓学于乐的效果。

虽然沙盘实战在创新创业教学中可以发挥巨大效用,但它在实际运用中也存在一些困难。ERP沙盘课程教学具有很强的综合性,对专业知识要求比较高,因此教师和学生在上课前,系统地学习ERP沙盘运转过程,是顺利开展沙盘课程必不可少的一环。ERP沙盘在企业商业模拟培训中已经大量存在;而在高校创新创业运用中,虽然我国已经有一些高校开始实行ERP沙盘模拟教学,但其教学方式仍存在不系统、不规范等问题。因此,本书针对沙盘教学存在的问题,综合现有的ERP沙盘演练的知识进行汇编,对不同岗位的企业管理制度和管理守则进行汇总,涵盖多类型的企业运营规则、经营过程记录等沙盘模拟具体步骤,为课程的实际落地奠定系统科学的理论基础。不仅如此,本书还从不同角度整理了几十个典型创业案例,供读者参考学习,同时对某些创业案例进行进一步的分析讨论,挖掘深层思考维度,并从中提取创业经验,对学生创业思路的拓宽具有一定的参考价值。

本书得益于十几所高校教师、大学生和创业者对创新创业课程的真诚分享,他们或已在创业路上前行多年,或才在创业路上蹒跚起步,又或仍在校求学求知,但都不约而同地、真诚客观地表达了不同身份群体对课程的想法,为本书的编写提供了很大的帮助,在此表示衷心的感谢。

此外,由于时间限制,本书可能存在一些瑕疵,望读者予以斧正。

《创新创业实战》编写组

2022年7月

龙岩

目　录

第一章 沙 盘

第一节 沙盘的类型

沙盘在我国历史悠久。据说,秦在部署灭六国时,秦始皇亲自堆制研究各国地理形势,在李斯的辅佐下,派大将王翦进行统一战争。后来,秦始皇在修建陵墓时,在自己的陵墓中堆建了一个大型的地形模型,模型中不仅砌有高山、丘陵、城池等,而且还用水银模拟江河、大海,用机械装置使水银流动循环。可以说,这是最早的沙盘雏形,至今已有2200多年历史。

据史料记载,公元32年,汉光武帝征讨陇西(今甘肃东部一带)的隗嚣,召名将马援商讨进军战略。马援对陇西一带地理情况极为熟悉,于是就用土堆成一个与实际地形相似的模型,从战术上做了详细的分析。汉光武帝看后高兴地说敌人全在他的眼中了。该模型对指挥作战起了很大的作用,这就是世界上最早的沙盘之一。

一、军事沙盘

在军事题材的电影、电视作品中,我们常常看到指挥员们站在一个地形模型前研究作战方案。这种根据地形图、航空像片或实地地形,按一定的比例关系,用泥沙、兵棋和其他材料堆制的模型就是沙盘。

沙盘分为简易沙盘和永久性沙盘。简易沙盘是用泥沙和兵棋在场地上临时堆制的;永久性沙盘是用泡沫塑料板(或三合板)、石膏粉、纸浆等材料制作的,能长期保存。沙盘具有立体感强、形象直观、制作简便、经济实用等特点。沙盘的用途广泛,能形象地显示作战地区的地形,表示敌我阵地组成、兵力部署、兵器配置等情况。军事指挥员常用其研究地形、敌情、作战方案,组织协同动作,实施战术演练,研究战例和总结作战经验等。另外,沙盘还常用来制作经济发展规划和大型工程建设的模型,其形象直观,颇受计划决策者和工程技术人员的青睐。

（一）沙盘设置

先将沙盘框放置稳妥，最好使沙盘的方位和现地一致，再铺上3～5厘米厚、湿度适当的沙土，并用木板刮平压紧，作为最低等高线的平面，然后打上和地形图相应的方格，在沙盘框周围注记相应的编号。

（二）地貌堆积

（1）依照方格将地形图上已选定的最低等高线，能控制地貌基本形状的等高线，以及山顶、鞍部、山底、倾斜变换点、江河等位置画到沙盘面上。

（2）将计算好的山顶、鞍部、山底、倾斜变换点、江河弯曲部等起伏明显的点，分别插上竹签。竹签的高度，为该点在沙盘上的高度加上底层沙土的厚度。

（3）在最低等高线范围内，以竹签和等高线为依据，先堆出山顶、鞍部、山脊等的概略形状作为骨干，再修整其他部分。如沙盘较大，可分片堆积，先堆积进出困难处，后堆积进出方便处。堆积时，应随时对照地形图，以正确显示地貌的起伏状况，并应随时将沙土压紧，以免崩塌变形。如有较大的江河、湖泊，应在修整地貌时一并挖成。堆积完毕，应进行全面检查和修整，并从高到低逐层撒上与地面颜色相符的锯末（或喷以颜色）。

（三）地物设置

沙盘上的地物，如房屋、铁路、桥梁、树木、独立地物等，多用相似的模型表示，公路和乡村路用宽窄不等、颜色不同的纸（布条）表示；江河用蓝色纸条或锯末表示；树林用小树枝或绿色锯末表示，地物的大小，应与水平比例尺相适应，关系位置要求正确。设置地物，应按水系、居民地、道路、树林和独立地物的顺序进行设置。最后，在相应的位置上插上地名、江河名、山名、高程注记等纸牌，设置战术情况。

战术情况，通常根据预定的作战方案或训练想定，用制式的兵棋、临时制作的队标、队号等进行设置。设置时，先设战斗分界线，而后按先敌后我，由前沿到纵深的顺序进行。如需显示敌我设防工程时，应先设置工作设施，后设置战术情况。

（四）整　饰

上述各项工作完成后，应详细对照检查，并标明沙盘的名称、指北箭头和比例尺，需要时用线绳拉上坐标网。

二、游戏沙盘

沙盘游戏，亦称箱庭疗法，是在治疗师的陪伴下，让来访者从摆放各种微缩模具（玩具）的架子上，自由挑选小模具，摆放在盛有细沙的特制的容器（沙盘）里，创造出一些场景，然后由治疗师运用荣格的"心象"理论分析来访者的作品。

沙盘游戏治疗以心理分析之无意识理论为基础，注重共情（empathy）与感应，在"沙盘"（sandtray）中发挥原型和象征性的作用，实现心理分析与心理治疗的综合效果，这便是沙盘游戏治疗的基本特征。

(一)起源发展

瑞士荣格分析心理学家多拉·卡尔夫是沙盘游戏治疗的正式创立者,她在 1962 年的国际分析心理学会议上正式提出了"沙盘游戏治疗"的思想。1985 年,她发起成立了国际沙盘游戏治疗学会,标志着沙盘游戏治疗体系的形成。但是,沙盘游戏作为被广泛接受的心理治疗方法与技术有着它本身发展与形成的历史,其中包含了数十年的积累与准备,对此我们可以通过三位主要奠基者来回溯其历史演变的过程。

1. 地板游戏

威尔斯曾以《时间机器》(1895)一书而成为有名的作家。人们一般并不太注意他在 1911 年出版的《地板游戏》,而正是此书,开始了有关"沙盘游戏治疗"的历史。在《地板游戏》一书中,威尔斯描述了他和两个小儿子的游戏过程,尤其是他们所玩的"地板上的游戏",把各种各样的玩具在地板上搭建着不同的游戏内容。孩子们玩得开心而投入,表现出了令人兴奋的想象力和创造性。威尔斯在《地板游戏》一书中曾写道:就在这地板上,不断涌现着数不清的富有想象力的游戏内容,它们不但使孩子们每天都在一起玩得高兴,而且还为他们以后的生活建立了一种广阔的、激励人心的心智模式。任何一个人都可以从这幼儿游戏的地板上获得启发与力量。他在其独立的研究中发现,荣格的集体无意识和原型理论,能够对他所感兴趣的研究问题提供合理解释;而他自己的独立研究,也能提供许多支持荣格分析心理学理论的依据。

2. 游戏王国技术

玛格丽特·洛温菲尔德 1890 年出生于英国伦敦,她自幼喜欢读威尔斯的作品,尤其是那本《地板游戏》。1928 年,当洛温菲尔德建立了自己的儿童诊所,准备开始儿童心理治疗的时候,威尔斯的《地板游戏》呈现出了新的意义和作用。洛温菲尔德所面对的问题是如何与那些患有神经症的孩子们进行有效的沟通。她需要一种表达与沟通的中介或载体:患病的儿童既可以通过这中介来表达,治疗者也可以由此载体来观察与诊断。于是,在《地板游戏》的启发下,洛温菲尔德在自己的诊所里放置了一些玩具和模型,随后不久,她又添置了两个可以放沙和水的托盘。于是,一种有效的儿童心理诊断与治疗工具和方法由此产生,洛温菲尔德顺着孩子们的声音,称其为"游戏王国技术"。

3. 沙盘游戏

多拉·卡尔夫 1904 年出生于瑞士。1944 年,通过孩子们之间的交往,卡尔夫结识了荣格的女儿格莱特,并保持着终生的友谊。通过格莱特的介绍与安排,卡尔夫认识了荣格夫妇。

1949 年,作为两个孩子的单亲母亲,卡尔夫开始了她在瑞士苏黎世荣格研究院 6 年的学习,并由荣格的夫人爱玛·荣格为其进行心理分析。1954 年,卡尔夫参加洛温菲尔德在苏黎世的讲座,深受启发,也由此引发了一种内在的梦想,寻找一种能够有效帮助儿童进行心理分析的方法与途径。于是,卡尔夫决定去伦敦跟随洛温菲尔德学习其"游戏王国技术",并得到了荣格的鼓励和支持。其间,卡尔夫还从师于维尼考特一段时间。英国的荣格心理分析家、以儿童发展理论而著称的麦克·佛丹承担了对卡尔夫的指导。

一年后卡尔夫从英国返回瑞士,开始了把洛温菲尔德的"游戏王国技术"与荣格分析心理学相结合的工作。同时,她也致力于把东方的思想融会在更为有效的儿童治疗实践中。为了与洛温菲尔德"游戏王国技术"相区别,卡尔夫用了"沙盘游戏"来命名自己的理论与实践。这便是今天流行的沙盘游戏治疗的开始。

(二)基本原理

1. 无意识水平的工作

在无意识水平上进行分析与治疗,正是弗洛伊德精神分析和荣格分析心理学的传统。意识与无意识的分裂与冲突形成了大部分心理病症的根源;在治疗与分析的过程中进行无意识沟通,在意识与无意识之间建立贯通的桥梁,进入无意识来化解各种情结,通过无意识来增加与扩充意识自我的容量和承受,也都是沙盘游戏治疗的基本考虑。实际上,对于整个心理分析来说,无意识不仅仅是理论,而且具有重要的方法论意义。例如,就弗洛伊德精神分析之"三大方法"而言,"自由联想""梦的解析""移情与暗示",都与其个体潜意识观念有着必然的联系。

2. 象征性分析原理

沙盘游戏治疗工作室的组成,主要是两个沙盘(称为干沙沙盘和湿沙沙盘,湿沙沙盘可以放水进去),以及分类齐全的沙盘模型,包括各种人物、动物、植物、建筑材料、交通工具以及宗教和文化等造型。这些沙盘模型,正是象征性的载体。通过各种形状的沙盘模型,所要捕捉与把握的就是原型和原型意象的意义。

卡尔夫在《沙盘游戏治疗杂志》创刊号上,撰文介绍了沙盘游戏治疗及其意义,同时也提出了对沙盘游戏分析师的基本要求。卡尔夫总结说:作为沙盘游戏分析师,除了心理学的基础和训练,还必须具备两个重要的条件:其一是对于象征性的理解,其二是能够建立一个自由和受保护的空间。

3. 感应性的治愈机制

感应是所有心理分析乃至心理治疗中的关键因素。实际上,感应影响或决定着麦斯麦之催眠术的治疗效果,同样也是弗洛伊德自由联想以及荣格积极想象方法背后的重要机制。卡尔夫用《易经》的思想来充实其沙盘游戏治疗时,也是在发挥其中的感应原理:"《易》无思也,无为也,寂然不动,感而遂通天下之故。非天下之至神,其孰能与于此。"感应中包含着至诚,至诚如神,有感应就会有转化,就会有沙盘游戏治疗的效果。

(三)游戏应用

1. 心理治疗

沙盘游戏自问世以来,逐渐获得国际临床心理学界的推崇,被公认为是最有效的心理治疗方法之一。与传统的儿童心理疗法相比,沙盘游戏特别适合儿童,国内外已经将其广泛运用于儿童诸多心理疾病的治疗。

沙盘游戏疗法能为儿童提供一个"自由与受保护"的空间,在这里儿童通过象征、隐喻的形式不仅可以再现与创伤经历相关的情景以帮助发现问题,而且可以宣泄与创伤经历相关的复杂情感从而达到治疗的目的。Grubbs 对沙盘游戏运用于创伤后应激障碍(post-traumatic stress disorder,PTSD)儿童的疗效进行了探讨,发现沙盘游戏是创伤愈合与转化的强有力媒介。在沙盘游戏中,儿童显示出释放他们的创伤以及逐渐愈合的过程。Louise 对 56 名 4～5 岁遭遇海啸后的 PTSD 儿童进行了沙盘游戏治疗,经过 4 个月每星期 1 次的沙盘游戏治疗,这些儿童获得了积极有效的转变。

沙盘游戏对儿童品行障碍也有着良好效果。沙盘游戏能为此类儿童提供发泄愤怒和表达攻击行为的途径,让他们在虚拟的空间里将其愤怒和攻击性的行为物化地演示出来,从而耗散其攻击性心理能量,最终达到治疗的目的。

随着沙盘游戏理论和实践的日趋完善,沙盘游戏的治疗对象已不再局限于儿童,而被广泛应用于成人的心理治疗中。国内外许多研究表明,沙盘游戏能有效地治疗成人的各种心理疾病,如抑郁症、边缘型人格障碍、药物与酒精依赖、人格失调和自恋型人格障碍,以及各种身心疾病等。另外,一些心理学家还将该方法应用于非临床人群,如在心理咨询、夫妻咨询、家庭治疗、企业和团队的组织与管理中,该方法整合了格式塔、催眠、角色扮演等方式。还有一些治疗师在阿德勒自我心理学、家庭系统治疗理论的背景下使用沙盘,使之越来越呈现出多元化的趋势。

2. 心理教育

21 世纪初,沙盘游戏开始逐步走进学校,并被学校的心理健康教育所运用。沙盘游戏的工作原则并非单纯以来访儿童的心理症状为工作目标,而更注重其内在心理的充实与发展,在儿童的健康成长方面,如培养自信与人格、发展想象力和创造力等都发挥着积极的作用,因此特别符合心理教育的基本主张,为学校心理教育开辟了一条新的途径。根据国内外一些实证研究,沙盘游戏尤其是对学校中存在焦虑、注意力集中困难、言语沟通困难以及适应困难等问题的儿童有良好效果。

3. 诊 断

沙盘游戏不仅可以用于多种心理疾病的治疗,在其发展过程中,沙盘游戏治疗师和研究者们还看到了其作为一种临床诊断工具的潜力。维也纳大学儿童发育研究者 Buhler 把沙盘作为诊断和研究工具,在沙盘游戏发展的历史上占有重要的地位。她把自己的技术命名为"世界测验",并将其标准化。

(四)游戏作用

(1)个体沙盘游戏可以深入展示个人的内心世界,让自己与潜意识对话,了解自己的深层次需要。

（2）家庭沙盘游戏可以有效改善家庭成员间的关系，促进成员间深层次的心灵沟通，尤其是对培养孩子的良好性格习惯有积极作用。

（3）某一特定团体进行沙盘游戏，如学生、教师、医护人员、病人、企业高层管理人员、销售人员、公务员等，可以促进团队精神的升华，提升团队凝聚力，培养协作性人才，发现团体中的共性，加强成员间的精神交流，改善团队气氛。

（五）沙具原型意象

尽管我们把沙盘称为"非言语的心理治疗"，但是沙盘图画在"说话"，它使用的是符合无意识心理学的象征性语言。当一个符号或文字，包含着超出一般和直接意义的内涵时，便具有了象征或象征性的意义。例如，看似一个"车轮"，当其出现在沙盘中时，除了现实的车轮的功能，还具有深远的宗教与神话的象征性意义，称其为"神话的象征意义"，本身已超越了单纯意识层面意义，深入于集体无意识内容的层面。荣格分析心理学中对于梦的象征的分析技术，除了"联想分析"，还加入了"扩充分析"，实际上也就是要在个体联想基础上，把分析的工作扩展到集体无意识和原型的层面。于是，在沙盘游戏治疗的工作中，对于这种象征性的理解，以及对于所象征内容的感受与体验，是一项非常重要的工作。例如，动物往往可以表示与人类理性和判断相对应的本能、直觉、冲动和阴影等意义。

不同的动物有着不同的象征，如狮子的勇猛和攻击性，绵羊的温顺和无辜等；不同的颜色能够使人产生不同的联想，具有不同的象征意义，如红色与血液、兴奋与冲动，蓝色与天空和海洋、平静与深远等。正如卡尔夫所强调的那样，对于沙盘游戏分析师来说，理解沙盘游戏中的象征，也就等于掌握了从事沙盘游戏治疗的有力工具。

（六）发展趋势

21世纪以来，无论是在理论探索，还是在实践应用方面，沙盘游戏的研究都有了长足的发展，但是也存在着一些不足。

（1）正如精神分析一直以来还备受争议一样，沙盘游戏在某些方面的主观臆断性仍难以被众多学者接受，尤其是医学界。虽然早在10年、20年之前便已形成诸多沙盘游戏治疗评估的客观指标，但是沙盘的一些研究目前仍处于主观的水平，其研究手段缺乏测量学的支持，研究方法有待改进和完善。

（2）沙盘游戏是一种有效的心理治疗技术，作为非言语治疗方式，它非常适用于"自闭症"和具有"孤独倾向"的患者；作为表现性治疗方式，沙盘游戏治疗更是适用广泛，且具有诸多的个案和临床研究的支持。但对于不同的心理问题，沙盘游戏的治疗是否应区别对待，具体运用方法又该有何不同，还有待日后的进一步研究。

（3）沙盘游戏的心理评估功能虽已被证实，但其价值尚未完全被开发出来，至今还没有总结出一套非常完备的诊断手册，因此真正运用到临床实践，其可操作性和评价性还需逐步地去完善。这些都有待进一步深入探索，是未来沙盘游戏研究的方向及热点。

由此可见，当今的心理学研究者和临床学家在这一领域还大有可为。

（七）展　望

随着时间的推移，通过不懈努力，沙盘研究的理论与实践两方面将不断被完善并相互融合，互为补充，共同推进。沙盘游戏有效地与心理学其他技术结合，融入心理学领域的主流，将在心理评估、心理治疗、心理辅导与心理教育领域贡献自己所长。

三、电子商务沙盘

电子商务沙盘是一种能够模拟电子商务企业运营过程的工具。电子商务沙盘分为3D立体投影沙盘、推演沙盘和多媒体沙盘。电子商务沙盘有展示内容广、设计手法精湛、展示手段先进、科技含量高等特点。电子商务沙盘在高校教学中已成为实践教学中的重要工具之一。

（一）电子商务沙盘分类

1. 3D立体投影沙盘

3D立体投影沙盘是通过光的偏振原理实现的，即采用两台投影机同步放映图像，将两台投影机前的偏光片的偏振方向互相垂直，让产生的两束偏振光的偏振方向也互相垂直，而偏振光投射到专用的投影幕上再反射到观众位置时偏振光方向须不改变，观众通过偏光眼镜每只眼睛只能看到相应的偏振光图像，从而在视觉神经系统中产生立体感觉。

2. 推演沙盘

推演沙盘是将企业置身复杂的电子商务网络中，通过模拟电子商务企业的整体运营过程，让学员进行下订单/采购、应付/应收、票据/资金、客户关系管理、工艺管理、生产管理、工资管理、进销存、自订报表、决策支持、固定资产盘点、会计总账汇总等活动。在训练过程中，学员既能从战略高度观察电子商务企业管理的全貌，也能从执行角度亲身体验电子商务管理的主要环节，并学习如何解决实践中会遇到的典型问题。

3. 多媒体沙盘

多媒体沙盘是一种很好的形象展示方式。通过模型，学校可以展示对电子商务的新理念和新思路，引起专家、领导的关注，吸引外资，不断完善后期的实验室建设。电子商务实验室通过模型、沙盘的形式展示，具有宏观的气势和震撼力，而沙盘本身通过再现与模拟真实场景，能从大局上培养学员对电子商务的认知，并可以把电子商务工作环境的各个环节的衔接展现得更加直观和形象，让学员能够以一种纵览全景的方式，将实际场景深刻印入脑海中。

（二）电子商务沙盘的主要特点

在电子商务沙盘操作过程中，学员既要进行周期长、节点多的企业整体运营战略谋划，也要进行各个物流环节的战术制定。

模拟经营的结果不仅仅取决于决策的制定,还取决于决策的执行。电子商务沙盘引入多种物流管理工具,既有定性分析,又有定量分析,可以提升学员的系统思维能力。同时,该沙盘强调团队成员之间的配合与衔接,而不同物流职能的协调与衔接是取得经营成功的前提条件。对物流成本的权衡与控制贯穿沙盘演练的始终,模拟企业时时面临成本控制与客户服务的双重压力。

四、数字沙盘

数字沙盘主要分为两种:一种是在原来传统的沙盘模型上增加多媒体投影机系统;一种是纯三维数字沙盘,一般有互动功能,投影面一般为特殊处理的白色或灰色幕面,设有实体沙盘模型,通过声、光、电、图像、三维动画以及计算机程控技术与实体模型相融合。

数字沙盘可分为弧幕数字沙盘、直幕数字沙盘、折幕数字沙盘、虚拟现实(virtual reality,VR)三维数字沙盘、独立式数字沙盘、数字互动沙盘、显示器数字沙盘、升降式配套数字沙盘、激光控制式数字沙盘、多系统联动式数字沙盘等。

(一)数字沙盘分类

(1)弧幕数字沙盘:运用多通道图像融合技术、三维立体空间后台处理系统、智能化中控系统集成技术,结合传统物理沙盘与弧幕双向互动演示,可充分展示城市与项目规划、区位特点等信息,是目前采用比较多的一种数字沙盘。

(2)直幕数字沙盘:在弧幕数字沙盘的基础上,针对具体演示厅的展示环境,选择采用直幕演示,可更好地利用空间。

(3)折幕数字沙盘:折幕是由三块直幕硬拼接而成,画面不用像弧幕要经过曲面纠正、边缘融合处理,因此在搭建上比较方便,造价相对略低一些。

(4)VR三维数字沙盘:在弧幕或直幕上投射VR影像内容以配合实体沙盘表现,提供更直观的三维表现效果。

(5)独立式数字沙盘:单纯利用投影机与实体沙盘组成一套数字沙盘,在场地空间有限或者需要着重突出规划范围的空间效果时应用。

(6)数字互动沙盘:一种基于可计算信息的沉浸式交互环境的三维虚拟仿真技术的诺利德沙盘模型,通过触摸屏、灯光、影像技术与实体沙盘结合,生动展示主题内容,并可设置互动控制点,由观众自主选择展示区域内容,或由程序控制自行播放。数字互动沙盘运用多通道投影图像拼接、立体空间三维音效、智能化媒体设备控制等技术,在传统的物理沙盘基础上,增加多媒体展示与互动功能,充分体现区位特点、配套设施、项目特色等信息。

(7)显示器数字沙盘:将投影式数字沙盘与高清液晶显示屏(liquid crystal display,LCD)有效组合,运用不规则拼接系统、显示屏对位系统以及同步识别系统,通过空间展示方式的巧妙设计,实现各展示模块的完美结合。展现过程融入了声、光、电等高新技术,并结合 3D 数字影片特辑进行互动诠释,使展示内容更加直观明了。其广泛应用于各类展厅,特别是政府规划、房地产项目等。

(8)升降式配套数字沙盘:运用多通道图像融合技术、三维立体空间后台处理系统、智能化中控系统集成技术,结合传统物理沙盘与弧幕双向互动演示,可充分展示城市与项目规划、区位特点等信息,辅以传统沙盘制作技术,在沙盘上增加升降、旋转、开合等机械动作,提供更丰富的实体沙盘表现效果。

(9)激光控制式数字沙盘:运用多通道图像融合技术、三维立体空间后台处理系统、智能化中控系统集成技术,结合传统物理沙盘与弧幕双向互动演示,增设了激光指点互动功能,通过手中的激光笔点选沙盘上的点,弧幕上会出现相应的数字内容。

(10)多系统联动式数字沙盘:采用"多位一体"多媒体数字沙盘集成技术,综合运用同步播放系统、360°全息影像、"全景 VR 互动"系统、自动升降辅幕(纱幕)系统、"电脑追光捕捉"互动系统、中控互动讲解系统等高科技展示技术,结合展示主题的空间策展设计,提供全方位高品质的数字沙盘展示新体验。

(二)数字沙盘的特点

数字沙盘具有展示内容广、设计手法精湛、展示手段先进、科技含量高的特点。

数字沙盘在内容的展示上简单明了,不落俗套;设计手法上既有对传统的创新,又有现代高新科技的体现;大模型场面宏大,小模型布局精巧;大量运用高科技展示手法,声、光、电等融入互动项目、三维动画、影视等产生现代视觉效果;结合趣味性、互动性与知识性,寓展于乐,实现了与观众的"互动革命"。数字沙盘设有控制系统,包括总体控制,厅内照明、计算机、电视机、操作台以及空调等强弱电系统,按照预先编制的运行程序自动运行,从开启电源到关闭电源,都不需要人为控制,自动运行。

(三)数字沙盘的组成内容

数字沙盘包括多媒体演示系统、灯光控制系统(同步控制模型上的灯光状态)和触摸屏一体机。

(四)数字沙盘与传统沙盘的区别

数字沙盘与传统沙盘模型可以无缝结合,表现效果更为优美、逼真,具有更强的动态性、交互性和可延展性。

(1)组成部分:个性化三维数字内容,特殊材质沙盘模型,中央控制软件,影视后期特效。

(2)演示状态:自动演示,单独控制。

(3)注意事项:光线、控制系统、特效、沙盘模型。

数字沙盘应用领域覆盖房地产、交通、地下管线、城市指挥、军事、旅游等多个行业,并不断融合新的技术、新的创意,具有更多的功能,适合更多的应用领域。

(五)数字沙盘的基本作用

(1)看历史——城市历史建筑。通过历史建筑的保存、变化,了解文化的发展。

（2）看变化——城市变化，休闲、娱乐等。传统的货仓、贸易行已变成现代化建筑，餐馆、酒吧、露天咖啡厅和娱乐场所、酒店提供人们消闲好去处及写意的生活方式。

（3）看发展——城市发展加快。以满足城市建设的需要，为建造更多的楼房、零售店面、休闲设施及酒店提供了发展空间。

（六）数字沙盘的实际运用

1. 房地产

对房地产展厅来说，沙盘不可或缺。在这个信息严重过剩的时代，我们需要沙盘以崭新的面貌示人，以此博得更多观众的注意，从而增加潜在消费者的数量。多媒体投影沙盘通过严谨的设计，实现多功能同步联动，调用沙盘 LED 灯光、动态投影视频、大型弧幕等子设备，将楼盘最美好的一面展现得淋漓尽致。

2. 城市规划馆

数字沙盘是一项革命性的创新，在传统固态沙盘的基础上，加入了以动态投影为主的各种多媒体声光手段，打破了人们对沙盘单调刻板的印象。

在城市规划馆中，最不可缺少的就是沙盘。沙盘是一个城市的微缩，向观众提供一个鸟瞰的角度观察城市，统览全局。但传统的沙盘模型只能在一个时间维度上表现城市，对于一个长达几年甚至几十年的城市规划来说，表现力远远不足。数字沙盘可动态地展现一个城市的全貌，在不同的时间维度上跳跃变化，是阐述一个城市规划的最佳工具。

3. 军　事

数字沙盘是军队指挥作战中必不可少的设备之一。传统的纸质地图显示的各类信息较为抽象，指挥员稍有疏忽便会出现错判、漏判等情况，进而影响作战效果。各大指挥场所设置作战沙盘，在沙盘上模拟显示山川河流、道路桥梁，使部队人员对当地地形更加了解，让各指战员的作战计划能够更加生动、清晰地展现。

五、电子沙盘

电子沙盘是指通过计算机网络系统模拟企业运营的软件。电子沙盘分为三维数字沙盘、声光电沙盘和多媒体触控沙盘。电子沙盘有展示内容广、设计手法精湛、展示手段先进、科技含量高等特点。

随着时代的发展和科技的进步，人们的思想理念和欣赏水平随之大大提高，沙盘也向着功能多样化、智能化、艺术化、人性化的方向发展。信息电子专家结合多媒体软件技术、触摸屏技术、触控一体机生产技术、电路智能控制技术、模型设计技术共同开发新一代的智能模型，以成熟的自动控制技术和一流的创意设计实力，将静态模型与多媒体触摸屏互动结合起来。使用者通过手指点击触摸屏，浏览特制的多媒体介绍演示系统，将模型展示给参观者，赋予了模型更加生动的内涵，在更好地诠释了设计规划者的理念和图片、视频、动画、解说等信息的同时,自动控制系统将同步控制模型内的灯光状态,全方位模拟这种艺术作品。其在功能上力求简洁、全面,在多媒体效果上力求明快、生动,在使用上力求简洁、准确、方便。

（一）系统构成

电子沙盘的系统主要由触摸屏一体机、多路灯光控制卡、多媒体软件、物理沙盘构成。

（二）系统功能

（1）系统实现了将建筑体演示与实体建筑沙盘有机结合在一起。

（2）使用触摸屏、电脑红外、遥控等先进的、简便的、快捷的超控手段。

（3）触摸屏与传统模型结合产生声光电一体化展示。触摸屏人机交互简单,且可以有丰富多彩的多媒体展示,图文声并茂,生动活泼。传统的沙盘模型直观形象,结合集成电路技术可以让楼房模型、道路模型、路灯模型等依次闪烁。将触摸屏和沙盘模型结合起来,可以更为立体生动地展示。

（三）电子沙盘模型

当用手指轻轻点击触摸屏上的相关热区,沙盘模型上的相应位置的二极管开始闪动,同时触摸屏上开始播放该热区关联的配音及视频,结合同步的大屏幕画面,可以全方位地介绍规划方案。

该模型将图像、动画、解说、音乐等多种元素很好地融合在一起,以多媒体解说为主线,使设计方案、表现效果图、三维模拟动画与实体模型相互对应。解说到某一建筑,显示屏上就出现本建筑的各种资料,同时在实体模型上用灯光来表达这个建筑,这将让观众产生更为深刻的印象。

在演示系统上,主要有两种演示状态,一是自动演示,自动循环演示内容。二是手动演示,由讲解员或参观者通过手指触摸屏幕,有选择地、交互地演示对应内容;可采取单独控制,将整个系统全部灯光路数的名称单独制作一个控制界面,在需要时可以逐一通过手动控制;可使用灯光控制系统,由计算机中的控制卡与定制的控制箱组成,通过程序与多媒体演示系统的配合,同步控制模型上的灯光状态,或闪烁或流动。

（四）电子沙盘的种类

（1）多媒体电子沙盘:在传统电子沙盘的基础上,通过计算机多媒体控制技术,控制声音、视频等同步显示,既可通过遥控、手控、感应式控制,也可以通过多媒体控制;既可数码显示、单点显示,也可组合显示、动态显示等,具有操作灵活、简单,便于维护和修改等特点。

（2）触摸式电子沙盘:以传统沙盘为基础,为其增加红外感应设备、计算机、音响设备、显示设备(可选)。观众可以用手指或长杆指点沙盘上的各个位置,红外感应设备可以立刻将被点击的位置坐标信息传送至计算机,计算机会将该位置的介绍性内容以声音、视频的方式进行播放,为观众提供详细的点对点的说明介绍。触摸式实景电子沙盘系统具有可重复使用的特点,同一套系统可以反复应用于不同的实景电子沙盘;对于每一套沙盘,只需要将沙盘中各关键点的坐标输入计算机,然后再将与每一个关键点相对应的介绍内容(声音、视频)输入计算机即可,对每一个关键点的介绍可以方便地进行修改。

(3)数字沙盘(三维虚拟仿真):是一种基于可计算信息的沉浸式交互环境,具体来说,就是采用以计算机技术为核心的现代高科技手段生成逼真的视、听一体化的特定范围的虚拟环境,用户借助必要的设备(鼠标、方向盘等外部配件)以自然的方式与虚拟环境中的对象进行交互作用、相互影响,从而产生亲临等同真实环境的感受和体验。主要优势:不受场地限制,表现效果更为优美、逼真,具有很强的交互性,走进三维虚拟仿真中的环境,恰如身临其境。

(五)电子沙盘的功能

电子沙盘立体式、互动性、多元化的展现形式,让其成为项目展示的宠儿。电子沙盘将区位展示——传统的二维展示方式和三维静态模型方式升级为三维动态数字虚拟模式,无论是从视觉的观赏性,还是呈现的立体逼真层面,都带给人一种全新化的互动式体验感觉。这种全新化的创新服务应用极大地验证了科技改变生活的创新理念,科技的不断创新应用服务改变了传统的信息传播方式,让多媒体的传播形态日益精彩化和人性化。电子沙盘的服务应用必然推动着相关行业的转型与创新,互动多媒体这种将科技虚拟展览展示形式与人们传统的信息传播载体完美融合,在未来必定在诸多领域都会得到升级与应用。

在电子沙盘传统模式的影响下,多媒体形式下的互动沙盘系统依然在展现形式上保留着传统沙盘的展览展示形式,在物理外观形态上具有矩形沙盘、圆形沙盘、三角形沙盘、椭圆形沙盘等。

(六)电子沙盘的特点

电子沙盘可以融合更多的设计和新鲜元素,可以满足更多客户的个性化需求,并且更新速度更快。电子沙盘的特点如下:

(1)展示内容广。电子沙盘以简单明了、一目了然的手法充分体现展示内容的特点。

(2)设计手法精湛。整个展示过程不落俗套,既有在传统展板上的创新,又有基于充分体现现代高新科技成就的互动;既有场面宏大的大模型,又有制作精巧、竖向布局的小模型。

(3)展示手段先进。大量运用高科技展示手法,集声、光、电等融入互动项目、三维动画、影视等现代视觉效果之大成,结合趣味性、互动性与知识性,寓展于乐,实现了与观众的"互动革命"。

(4)科技含量高。电子沙盘设有中央控制系统,包括总体控制、厅内照明、计算机、电视机、操作台以及空调等强弱电系统按照预先编制的运行程序自动运行,从开启电源到关闭电源,都不需要人为控制,自动运行。

电子沙盘融合了非常多的设计和新鲜元素,给人非常震撼的感觉,更为重要的一点是电子沙盘可以进行更新,而不需要全部替换,一旦项目的某个部分发生了改变,可以对其进行更新,不需要破坏整体的结构性。

(七)电子沙盘的优势

电子沙盘模型具有传统模拟沙盘和平面地图不可比拟的优势:

(1)地形信息准确:采用国家标准地形图建立数字地面模型,可以准确地按比例还原地貌形态。

(2)地物表示详细:采用卫星遥感影像作为地表贴面,反映和实地一样的地表形态、河流、植被、道路、居民地等,信息一目了然。

(3)地物表现直观:卫星遥感影像的色彩,经过合理的波段组合和时相选取,可以模拟实地景观,如同身临其境。

(4)浏览方便:在三维电子沙盘中进行任意缩放和漫游,可以模拟飞行,对目标进行全方位的观察分析。

(5)地形信息检索:可以查询任意某地的地理坐标和海拔高度。

(6)地形分析和量算:可以在上面进行距离、面积、体积的量算,还可以进行通视、剖面、淹没等分析。

(7)模拟:可以在上面任意位置模拟火场、爆炸等,并进行路线选择和规划。

(8)将地面设施立体化:将楼房等基础设施以三维方式展现。

(9)属性查询:可以直接在三维电子沙盘上查询各种信息。

(10)集成全球定位系统:实现直接在三维电子沙盘上跟踪和调度。

六、物流沙盘

物流沙盘是以物流实体模型为辅,以信息技术为主,对物流企业的实际运作进行模拟的实战演练。物流沙盘作为一种颠覆传统的教学和培训模式,目前正在广大高校和物流企业的教学和培训中被广泛采用。通过物流沙盘教育和培训出来的人才,一方面将很好地掌握物流管理相关实用理论,另一方面也将掌握物流企业实际运作的主要技能。

(一)物流沙盘的主要应用领域

(1)区域建设规划、工程建设规划的展示,设计方案分析。按照建设规划的布局,在沙盘上构建所要建设的建筑、设施、设备、道路以及周边环境,如城市、物流园区的物流建设规划、交通工程建设规划等。

(2)物流理论和理念的展示、说明,包括物流整体概念的说明,供应链、产品全生命周期中物质循环和环保理念的展示与说明等。例如,用飞机、火车、汽车、船舶、道路、机场、港口以及相关的物流设备和设施如仓库、搬运起重设备等表示物流过程中的航空、海运、陆路的主要运输工具及相关设施。

（3）物流系统或设备的介绍及展示。用模型展示和表达特定的物流系统（或设备），表示该物流系统（或设备）的设计、规划、布局，甚至设备结构等，如车间内的物流系统。

（二）物流沙盘的特点及应用现状

物流沙盘的特点是制作简单、形象逼真，可以直观地与其相关的信息流动、资金周转的机构（如银行、保险公司等）和其他辅助机构及设施（如酒店、住宅区、停车场）融为一体。由于以往的物流沙盘都是独立的系统，因此物流沙盘在教学和培训中有很大的局限性。

目前大部分物流沙盘产品采用了自动控制技术，并且已有一些企业专门从事沙盘控制器（带有单片机或微处理机）的开发、生产，能够实现声、光、电的复杂控制，供沙盘配套使用，但受以微缩模型为主的沙盘表现方式的限制，这些产品难以表达现代物流的发展与理念。这些物流沙盘产品的主要目的是展示和表现物流，如物流的设备、设施、运输工具、仓库、港口、机场、车站、道路及工厂、矿山、海关、银行、商店、酒店等相关企业和机构。

市场上有一些使用耐用材料制成的模块化、可集成、由复杂控制（接近实际系统的控制）仿真模型构成的微型物流系统或生产系统模型，如生产线、火车轨道及车站等。有些模型使用者可自行编程和设置控制、管理调度方案，但这种系统仍只能表达局部系统，而且控制复杂，可自编程的模型价格又高。

当前，市场上尚无采用数字多媒体技术的物流沙盘产品。采用数字多媒体技术的物流沙盘的主要问题是必须根据其要表达的内容及表达方式等具体情况进行定做，而沙盘生产厂家一般不可能对具体情况有深入的了解。

鉴于需求和经费等因素的限制，目前物流沙盘极少采用电子沙盘及基于虚拟现实技术的电子沙盘。

第二节　沙盘模拟

沙盘模拟是针对代表先进的现代企业经营与管理技术——企业资源计划（enterprise resource planning，ERP）系统，设计的角色体验的实验平台。模拟沙盘教具主要包括6张沙盘盘面，代表6个相互竞争的模拟企业。模拟沙盘按照制造企业的职能部门划分了职能中心，包括营销与规划中心、生产中心、物流中心和财务中心，各职能中心涵盖了企业运营的所有关键环节。企业通过模拟沙盘模拟自身的经营来培养团队精神，全面提升管理能力。

一、基本介绍

模拟沙盘各职能中心涵盖了企业运营的所有关键环节:战略规划、资金筹集、市场营销、产品研发、生产组织、物资采购、设备投资与改造、财务核算与管理等,以此为设计主线,把企业运营所处的内外环境抽象为一系列的规则。由受训者组成 6 个相互竞争的模拟企业,模拟企业 5～6 年的经营,通过学生参与、沙盘载体、模拟经营、对抗演练、讲师评析、学生感悟等一系列的实验环节,融理论与实践于一体、集角色扮演与岗位体验于一身的设计思想,使受训者在市场分析、战略制定、营销策划、组织生产、财务管理等一系列活动中,理解科学的管理规律,同时也对企业资源的管理过程有一个实际的体验。

沙盘模拟从目前来看,市场需求是很大的,而供应方面却略显不足,尤其是拥有核心知识产权、技术过硬的企业并不多,行业整体缺乏品牌效应。现在的关键在于呼吁业内企业共同努力,进一步提高研发能力,降低成本,真正解决客户的实际困难,严把质量关,提供最可靠的产品和技术。

二、主要内容

(一)沙盘教具

沙盘模拟教学以一套沙盘教具为载体。沙盘教具主要包括:沙盘盘面 6 张,代表 6 个相互竞争的模拟企业。沙盘盘面按照制造企业的职能部门划分了 4 个职能中心,分别是营销与规划中心、生产中心、物流中心和财务中心,各职能中心覆盖了企业运营的所有关键环节:战略规划、市场营销、生产组织、采购管理、库存管理、财务管理等,是一个制造企业的缩影,见表 1-1。

表 1-1 制造企业的职能部门及说明

职能中心	企业运营的关键环节	主要职能	简要说明	备 注
营销与规划中心	战略规划市场营销	市场开拓规划	确定企业需要开发哪些市场,可供选择的有区域市场、国内市场、亚洲市场和国际市场	市场开拓完成换取相应的市场准入证
		产品研发规划	确定企业需要研发哪些产品,可供选择的有 P2 产品、P3 产品和 P4 产品	产品研发完成换取相应的产品生产资格证
		ISO 认证规划	确定企业需要争取获得哪些国际认证,包括 ISO9000 质量认证和 ISO14000 环境认证	ISO 认证完成换取相应的 ISO 资格证

续表

职能中心	企业运营的关键环节	主要职能	简要说明	备 注
生产中心	生产组织	厂房两种	沙盘盘面上设计了大厂房和小厂房,大厂房内可以建 6 条生产线,小厂房内可以建 4 条生产线	已购置的厂房由厂房右上角摆放的价值表示
		生产线标识	有手工生产线、半自动生产线、全自动生产线、柔性生产线,不同生产线生产效率及灵活性不同	表示企业已购置的设备,设备净值在"生产线净值"处显示
		产品标识	4 种:P1 产品、P2 产品、P3 产品、P4 产品	表示企业正在生产的产品
物流中心	采购管理、库存管理	采购提前期	R1、R2 原料的采购提前期为一个季度,R3、R4 原料的采购提前期为两个季度	
		原材料库 4 个	分别用于存放 R1、R2、R3、R4 原料,每个价值 1M(100 万元)	
		原料订单	代表与供应商签订的订货合同,用放在原料订单处的空桶数量表示	
		成品库 4 个	分别用来存放 P1 产品、P2 产品、P3 产品、P4 产品	
财务中心	会计核算财务管理	现金库	用来存放现金,现金用灰币表示,每个价值 1M	
		银行贷款	用放置在相应位置上的空桶表示,每桶表示 20M	长期贷款按年、短期贷款按季度
		应收/付账款	用放置在相应位置上的装有现金的桶表示	应收账款和应付账款都是分账期
		综合费用	将发生的各项费用置于相应区域	

(二)沙盘模拟教学的环节

1. 组织准备工作

组织准备工作是沙盘模拟的首要环节。主要内容包括 2 项:首先是学员分组,每组一般为 5～6 人,这样全部学员就组成了 6 个相互竞争的模拟企业(为简化起见,可将 6

个模拟企业依次命名为 A 组、B 组、C 组、D 组、E 组、F 组),然后进行每个角色的职能定位,明确企业组织内每个角色的岗位责任,一般分为首席执行官(chief executive officer,CEO)、营销总监、运营总监、采购总监、财务总监等主要角色。当人数较多时,还可以适当增加商业间谍、财务助理等辅助角色。在几年的经营过程中,角色可以进行互换,从而体验角色转换后考虑问题的出发点的相应变化,也就是学会换位思考。特别需要提醒的是:诚信和亲历亲为。诚信是企业的生命,是企业生存之本。在企业经营模拟过程中,不要怕犯错误,学习就是为了发现问题,努力寻求解决问题的方法。在学习过程中,谁犯的错误越多,谁的收获也就越大。

2. 基本情况描述

对企业经营者来说,接手一个企业时,需要对企业有一个基本的了解,包括股东期望、企业目前的财务状况、市场占有率、产品、生产设施、盈利能力等。基本情况描述以企业起始年的两张主要财务报表(资产负债表和利润表)为基本索引,逐项描述企业目前的财务状况和经营成果,并对其他相关方面进行补充说明。

3. 市场规则与企业运营规则

企业在一个开放的市场环境中生存,企业之间的竞争需要遵循一定的规则。综合考虑市场竞争及企业运营所涉及的方方面面,简化为以下 7 个方面的约定:

(1)市场划分与市场准入。

(2)销售会议与订单争取。

(3)厂房购买、出售与租赁。

(4)生产线购买、转产与维修、出售。

(5)产品生产。

(6)产品研发与 ISO 认证。

(7)融资贷款与贴现。

4. 初始状态设定

沙盘模拟不是从创建企业开始,而是从接手一个已经运营了三年的企业开始。虽然已经从基本情况描述中获得了企业运营的基本信息,但还需要把这些枯燥的数字活生生地再现到沙盘盘面上,由此为下一步的企业运营做好铺垫。初始状态的设定,可以使学员深刻地感觉到财务数据与企业业务的直接相关性,理解到财务数据是对企业运营情况的一种总结提炼,为今后"透过财务看经营"做好观念上的准备。

5. 企业经营竞争模拟

企业经营竞争模拟是沙盘模拟的主体部分,按企业经营年度展开。经营初期,通过商务周刊发布市场预测资料,对每个市场每个产品的总体需求量、单价、发展趋势做出有效预测。每一个企业组织在市场预测的基础上讨论企业战略和业务策略,在 CEO 的领导下按一定程序开展经营,做出所有重要事项的经营决策,决策的结果会从企业经营结果中得到直接体现。

6.现场案例解析

现场案例解析是沙盘模拟课程的精华所在。每一年经营下来,企业管理者都要对企业的经营结果进行分析,深刻反思成在哪里,败在哪里,竞争对手情况如何,是否需要对企业战略进行调整。结合课堂整体情况,找出大家普遍困惑的情况,对现场出现的典型案例进行深层剖析,用数字说话,可以让学员感悟管理知识与管理实践之间的距离。

教师与学员在沙盘模拟中的角色分工可根据沙盘模拟的不同阶段,结合具体任务,扮演不同的角色。表 1-2 列出了这些角色的特点。

表 1-2　课程的不同阶段教师与学员的角色

课程阶段	具体任务	教师角色	学生角色
组织准备工作		引导者	认领角色
基本情况描述		企业旧任管理层	新任管理层
企业运营规则		企业旧任管理层	新任管理层
初始状态设定		引导者	新任管理层
企业经营竞争模拟	战略制定	商务、媒体信息发布	角色扮演
	融资	股东、银行家、高利贷者	角色扮演
	订单争取、交货	客户	角色扮演
	购买原料、下订单	供应商	角色扮演
	流程监督	审计	角色扮演
	规则确认	咨询顾问	角色扮演
现场案例解析		评论家、分析家	角色扮演

7.沙盘模拟过程中应注意的事项

(1)财务问题的重要性。企业的经营活动、破产危险都取决于企业的现金流活动,为最大限度提高企业效益又避免坍塌危险,就必须有准确的财务分析和预测。

(2)竞争的不确定性。竞争是一种互动关系,竞争参与者的决策往往取决于环境的变化和竞争对手分析的结果。

(3)战略目标的达成。SWOT[S 代表优势(strengths),W 代表劣势(weaknesses),O 代表机会(opportunities),T 代表威胁(threats)]分析其实是很有用的,不一定要清晰地列出来,但起码要想想自己有什么、没有什么、喜欢什么、怕什么。

(4)人员要培训才能达到企业要求。

(5)跟随型公司策略。市场(品牌)领先者地位的取得需要付出非常高的成本,尽管这个地位可以给企业营销带来很大好处,但巨大的成本也可能把企业拖垮。因此,有时候采用跟随型策略,往往企业更容易发展。

(6)合作谈判一定要与对方企业的关键人物——能够保证决策权和合作进程的人排他性地进行,避免以为合作达成的时候恰恰是对方已经与其他方达成了合作。

(7)市场竞争中,相互间信息情报的了解非常重要,了解了对手的财务状况对于了解对手的竞争实力和决策倾向具有极大帮助。

三、沙盘模拟的重要性

沙盘模拟作为一种体验式的教学方式,是继传统教学及案例教学之后的一种教学创新。沙盘模拟教学可以强化学员的管理知识、训练学员的管理技能、全面提高学员的综合素质。沙盘模拟教学融理论与实践于一体、集角色扮演与岗位体验于一身,可以使学员在参与、体验中完成从知识到技能的转化。

(一)多方位拓展知识体系

沙盘模拟通过对企业经营管理的全方位展现,使学员通过模拟体验,在以下几方面获益。

1. 战略管理

成功的企业一定有着明确的企业战略,包括产品战略、市场战略、竞争战略、资金运用战略等。从最初的战略制定到最后的战略目标达成分析,经过几年的模拟,经历迷茫、挫折、探索,学员将学会用战略的眼光看待企业的业务和经营,保证业务与战略的一致,在未来的工作中更多地获取战略性成功而非机会性成功。

2. 营销管理

市场营销就是企业用价值不断来满足客户需求的过程。企业所有的行为、所有的资源,无非要满足客户的需求。模拟企业几年中的市场竞争对抗,学员将学会如何分析市场、关注竞争对手、把握消费者需求、制定营销战略、定位目标市场,制订并有效实施销售计划,最终达成企业战略目标。

3. 生产管理

在模拟中,把企业的采购管理、生产管理、质量管理统一纳入生产管理领域,则新产品研发、物资采购、生产运作管理、品牌建设等一系列问题背后的一系列决策就自然地呈现在学员面前,它跨越了专业分隔、部门壁垒,学员将充分运用所学知识积极思考,在不断的成功与失败中获取新知。

4. 财务管理

在沙盘模拟过程中,团队成员将清晰掌握资产负债表、利润表的结构;掌握资本流转如何影响损益;解读企业经营的全局;预估长短期资金需求,以最佳方式筹资,控制融资成本,提高资金使用效率;理解现金流对企业经营的影响。

5. 人力资源管理

从岗位分工、职位定义、沟通协作、工作流程到绩效考评,沙盘模拟中每个团队经过初期组建、短暂磨合,逐渐形成团队默契并完全进入协作状态。在这个过程中,各自为战导致的效率低下、无效沟通引起的争论不休、职责不清导致的秩序混乱等情况,可以使学员深刻地理解局部最优不等于总体最优的道理,学会换位思考;明确只有在组织的全体成员有着共同愿景、朝着共同的绩效目标、遵守相应的工作规范、彼此信任和支持的氛围下,企业才能取得成功。

6. 基于信息管理的思维方式

通过沙盘模拟,学员真切地体会到构建企业信息系统的紧迫性。企业信息系统如同飞行器上的仪表盘,能够时刻跟踪企业运行状况,对企业业务运行过程进行控制和监督,及时为企业管理者提供丰富的可用信息。通过沙盘信息化体验,学员可以感受到企业信息化的实施过程及关键点,从而合理规划企业信息管理系统,为企业信息化做好观念和能力上的铺垫。

(二)全面提高学员综合素质

沙盘模拟作为企业经营管理仿真教学系统还可以用于综合素质训练,使学员在以下方面获益。

1. 树立共赢理念

市场竞争是激烈的,也是不可避免的,但竞争并不意味着你死我活,寻求与合作伙伴之间的双赢、共赢才是企业发展的长久之道。这就要求企业知己知彼,在市场分析、竞争对手分析上做足文章,在竞争中寻求合作,只有这样企业才会有无限的发展机遇。

2. 全局观念与团队合作

通过沙盘模拟对抗课程的学习,学员可以深刻体会到团队协作精神的重要性。在企业运营这样一艘大船上,CEO 是舵手,首席财务官(chief financial officer,CFO)保驾护航,营销总监冲锋陷阵。在这里,每一个角色都要以企业总体最优为出发点,各尽其责,各司其职,相互协作,只有这样才能赢得竞争,实现目标。

3. 保持诚信

诚信是一个企业的立足之本、发展之本。诚信原则在 ERP 沙盘模拟课程中体现为对"游戏规则"的遵守,如市场竞争规则、产能计算规则和对生产设备购置以及转产等具体业务的处理。保持诚信是学员立足社会、发展自我的基本素质。

4. 个性与职业定位

每个个体因为拥有不同的个性而存在,这种个性在沙盘模拟对抗中显露无遗。在分组对抗中,有的小组轰轰烈烈,有的小组稳扎稳打,还有的小组则不知所措。虽然,个性特点与胜任角色有一定的关联度,但在现实生活中,很多人并不是因为"爱一行"才"干一行"的,更多的情况是需要大家"干一行"就"爱一行"的。

5. 感悟人生

在市场的残酷与企业经营风险面前,是"轻言放弃"还是"坚持到底",这不仅是一个企业可能面临的问题,更是在人生中需要不断抉择的问题,经营自己的人生与经营一个企业具有一定的相通性。

(三)实现从感性到理性的飞跃

在沙盘模拟中,学员经历了一个从理论到实践再到理论的上升过程,把自己亲身经历的宝贵实践经验转化为全面的理论模型。学员借助沙盘推演自己的企业经营管理思路,每一次基于现场的案例分析及基于数据分析的企业诊断,都使学员受益匪浅,达到磨炼商业决策敏感度,提升决策能力及长期规划能力的目的。

四、沙盘模拟的资金管理措施

(一)沙盘模拟中实现有效筹资管理的措施

企业筹资是指企业根据其生产经营、对外投资和资本结构调整等需要,通过金融市场等筹资渠道运用一定的筹资方式,经济有效地筹措和集中资金的活动。筹集资金是企业的基本财务活动,是资金运动的起点,是决定资产规模和生产经营发展程度的重要环节。资金的筹集必须遵循一定的原则、按照一定的步骤进行。

(1)进行财务的预测与分析,计算融资时所需要的资金量。企业为了保证生产经营的正常进行,必须知道自己在什么时间需要多少资金,才能编制合理的融资计划。在沙盘模拟中,每个会计年度初期,企业管理层需要制定(或调整)企业发展战略,以此为依据确立企业未来的销售目标。有了销售目标,企业的财务主管就可以编制销售预算,即对未来一年企业可能实现的销售量、销售收入做测算。这样,以销售预测为依据,结合企业对未来的预期,就可以编制准确的生产预算、采购预算、设备投资专门预算,并进行相应的现金预算。由于现金预算的内容包括现金的流入量、现金的流出量、现金多余及短缺的数值,因此根据现金预算,管理层就可以判断未来企业现金流的状况及现金结余的情况以及现金是否有短缺,如果有短缺,金额是多少,测算出资金需要量。

(2)根据运营企业自身情况对融资方式的选择进行可行性分析。沙盘模拟中允许企业的融资方式有长期贷款、短期贷款、贴现及高利贷,其中长期贷款最长为5年期,每年年底支付利息,贷款的最高限额是权益额的2倍;短期贷款及高利贷期限为1年,不足1年的按1年计息,短期贷款与高利贷到期时还本付息,短期贷款的限额是权益额的2倍,高利贷没有贷款额度的限制;贴现是在资金出现缺口且不具备银行贷款的情况下,并且有应收款时随时可以进行,金额是7的倍数,不论应收款期限长短,拿出7万元交1万元的贴现费。企业需要融资时,应根据自己的负债情况,选择可行的融资方式。

(3)根据不同融资方式的资本成本和风险水平,确定不同融资方式的资金筹集比例及数额。在模拟中,由于不同筹资方式的资本成本及财务风险有所不同,因此企业应计算并且比较不同筹资方式的资本成本及财务风险,进而选择适合企业的筹资方式及确定不同筹资方式的筹资比例,既要保证筹资的综合资本成本较低,又要控制企业的风险水平,这样才能以最经济的方式获取所需资金,并且在债务到期时能够及时偿还,而不至于由于债务安排不合理,出现无法偿贷的财务危机。

(4)确定企业最佳的融资方案,合理规划资本结构。企业在准确地预测出企业资金需要量的基础上,通过对不同的融资方式的定性与定量分析,明确企业可选择的不同融资方式的筹资数额及占总筹资额的比例,制订最佳的筹资方案,构建科学的资本结构。

(二)沙盘模拟中的筹资与影响因素

1. 丰富筹资方式

在沙盘模拟中,运营企业没有上市,因此其融资渠道只能是银行借款、高利贷及应收账款贴现,融资的方式比较单调。单靠举债融资加大了企业的财务风险,并且难以使运营企业资本结构合理化。在现实生活中,可供企业选择的融资方式很多,有吸收直接投资、金融机构贷款、发行股票和债券、租赁、留存收益、商业信用等。

沙盘模拟中丰富运营企业的筹资方式,虽然会增加制定筹资决策的难度,但同时会使参与者对资金的管理能力得到有效锻炼。例如,企业需要进行外部融资时,不仅考虑银行贷款,而且商业信用、租赁等都可作为企业的外部融资来源,通过对企业偿债能力的分析可以确定企业是否适合举债融资;企业也可以通过应付账款等负债性资产来进行商业信用融资;企业在生产过程中,如果需要购进设备,就可以考虑租赁融资。

2. 充分体现影响运营企业融资能力的非量化因素

在沙盘模拟中,长、短期贷款累计金额分别不能超过权益额的 2 倍,当企业资金短缺时,其可以根据权益金额及负债情况安排资金筹集。可以看出,在 ERP 沙盘模拟中,权益情况是影响运营企业筹资最关键的因素。但是,现实企业筹资方案的制订受一些非量化的因素影响:

(1)企业经营者与所有者的态度。

从经营者的角度看,一旦发生财务危机,其职务和利益将受到重大影响,故经营者倾向于较少地使用财务杠杆,尽量降低债务资金的比例。相反,企业的所有者往往不愿分散其控制权,故不愿增发新股而要求经营者去举债。虽然企业对如何适当运用财务杠杆都有自己的分析,但企业经营者与所有者的态度实际上往往成为决定资本结构的关键因素。

(2)企业信用等级与债权人的态度。

企业能否以借债的方式筹资和能筹集到多少资金不仅取决于企业经营者和所有者的态度,而且还取决于企业的信用等级。企业通常都会与信用评级机构商讨其资本结构并且对他们提出的意见予以充分重视。如果企业的信用等级不高,债权人将不愿意向企业提供信用,从而使企业无法筹措到它所希望达到的负债水平。

(3)企业所处行业。

由于不同行业的资本结构具有行业性特点,如医药、食品行业一般具有较低的财务杠杆,而造纸、钢铁、航空等行业拥有较高的财务杠杆,因此融资方案的制订必然受企业所处行业的影响。

现实企业筹资方案的制订很复杂,需要考虑包括上述在内的众多影响因素。因此,只有不断完善沙盘筹资模块的运营规则,比如分设多个行业进行经营模拟、进行运营企业信用测评,以此为依据决定企业的贷款额度等,才能使虚拟企业的筹资环境与现实最大限度地吻合,虚拟企业的资金管理会更加真实化。只有这样学员在领会管理思想的同时,才能切实锻炼到管理能力。

五、沙盘模拟在企业管理课程中的运用

(一)课程的特点

1. 生动有趣

传统的企业管理课程一般比较枯燥,通过沙盘模拟实际企业环境进行教学非常生动有趣。过去的企业管理课程大多是由老师照本宣科地讲,学员边听边记,再结合一点实际企业例子;而在沙盘模拟教学中,学员能亲自动手模拟企业运营,体验企业经营管理过程,生动有趣。

2. 体验实战

"沙盘模拟"课程是让学员通过"做"来"学",每位学员以实际参与的方式体验企业商业运作的方式。这种体验式教学能使学员学会收集信息并在将来应用于实践。

3. 团队合作

"沙盘模拟"课程将学员分成4~6组,每组代表一个虚拟公司,每组4~5人,分别担任公司的重要职位(CEO、CFO、市场总监、生产总监等)。学员在模拟企业实际运营过程中,要经常进行沟通、协商,从而沟通协调能力得到提高,并能学会团队合作。

4. 看得见,摸得着

"沙盘模拟"课程将企业结构和管理的操作全部展示在模拟沙盘上,把复杂、抽象的经营管理理论以最直观的方式让学员体验、学习,能使学员对所学内容理解更透,记忆更深。

5. 想得到,做得到

传统的企业管理教学中学员的一些想法和理念只能是想想而已,而"沙盘模拟"课程却能让学员在4~5天的企业模拟经营中充分体验自己的想法和经营理念,并能看到自己的经营决策产生的实际效果,从而充分发挥学员的聪明才智。

(二)课程涉及的内容

1. 企业整体经营战略

"沙盘模拟"课程能制定企业长、中、短期经营战略;评估企业内部资源与外部环境;预测市场趋势,调整既定战略。

2．产品研发决策

"沙盘模拟"课程能制定产品研发决策,修正产品研发计划,甚至中断项目决定等。

3．生产经营决策

"沙盘模拟"课程能制定生产设备选择决策、设备更新与生产线改良决策、生产计划、生产数量调度等。

4．市场营销与销售决策

"沙盘模拟"课程能制定市场开发决策,新产品开发、产品组合与市场定位决策;模拟企业在市场中短兵相接的竞标过程;刺探同行商情,抢攻市场;建立并维护市场地位,必要时做出退出市场决策。

5．财务决策

"沙盘模拟"课程能制订企业中长期、短期资金需求计划,寻求资金来源;掌握资金来源及用途,妥善控制成本;制订投资计划,评估应收账款金额与回收期;分析财务报表,掌握报表重点与数据含义;运用财务指标进行内部诊断,协助管理决策;以有限资金扭亏为盈,创造高利润;编制财务报表,结算投资报酬,评估决策效益。

6．团队协作与沟通能力

"沙盘模拟"课程让学员实地学习如何在立场不同的部门间沟通协调,培养不同部门人员的共同价值观与经营理念,建立以整体利益为导向的组织团队。

(三)课程的实施

1．课程实施准备

(1)人员分组:将学员分成6～8组,每组6名学员成立一个虚拟公司。

(2)角色分配:每名学员分别担任总经理、财务部经理、销售部经理、人事部经理、生产部经理、研发部经理,形成6～8个相互竞争的模拟公司,连续从事4～6年的经营活动。

(3)沙盘授课软件:授课软件可直接输出各种财务状况报表,计算各阶段企业的经营情况、资金流动情况。

(4)实验室:实验室应配备相应的计算机及其他所需设备。

2．实际应用过程

学员分组经营数家业绩平庸的企业,企业的经营场地、固定设备、产品原料、现金流量、应收账款、银行贷款、工资、行政费用、市场推广、利息、应交税金等全面展示于沙盘之上,各项财务指标的运营用移动的"筹码"和道具来表示。由学员组成的公司管理层将依据市场信息决定自己的定位和市场策略,如何时投资于何种产品、何时进入目标市场、何时扩展生产能力、何时融资、何时平衡资金等。由此,各经理做出的每一项决策对企业整体财务状况的影响都将展现在沙盘上。

沙盘模拟4～6年的经营周期,每个周期经历4个阶段:

（1）组建团队，确定企业宗旨、愿景目标、角色定位或角色轮换。

（2）根据市场信息和竞争规则确定"公司"发展策略，制订经营计划和生产规模（涉及经营环境分析、企业竞争力评估、竞争对手分析、资源有效配置、高效团队的分工合作）。

（3）模拟企业生产运营，参与市场竞争，争取客户订单，设计研发产品，招聘人员，组织生产，编制周期财务报表等。

（4）结算经营成果，编制财务报表，进行财务分析，总结经验教训。教师分析点评，解读财务要点。各公司调整经营方针，转入下期经营，进入新一轮竞争。

经过模拟企业 4～6 年的经营活动，有的企业无力回天，破产清算；有的企业苦苦支撑，平庸依旧；有的企业则力挽狂澜，起死回生。一样的起点，不一样的结局，学员在模拟企业经营中学到了许多实实在在的东西。

（四）课程的效果分析

1. 改变了传统的教学模式

"沙盘模拟"课程将理论与实践融为一体、将角色扮演与岗位体验集于一身的设计思路，使学员在参与、体验中完成了从知识到技能的转化，这种体验式教学方式完全不同于传统理论教学及案例教学，是教学方式的一大创新。

2. 拓展了知识体系，提升管理技能

传统教学划分了多个专业方向，学员只能择其一而修，专业壁垒禁锢了学员的发展空间和思维方式。沙盘模拟是对企业经营管理的全方位展示，通过模拟实训可以使学员在战略管理、营销管理、生产管理、财务管理、人力资源管理、信息管理等方面得到实际锻炼。

3. 全面提高学员的综合素质

沙盘模拟作为企业经营管理仿真教学系统能全面提高学员的综合素质。通过沙盘模拟经营，学员亲身感受到树立共赢理念、全局观念与团队合作、保持诚信、个性与职业定位等综合素质的重要性。

4. 实现从感性到理性的飞跃

在沙盘模拟过程中，学员经历了一次从理论到实践再到理论的上升过程，能全面深刻理解战略管理、市场营销策略、生产计划与物料需求计划管理、现金流预测与财务管理的含义及全面经营管理的重要性；学会对财务报表的分析与运用，调动资金、控制成本及效益，认识变现计划与部门成本控制的重要性；学会掌握企业最佳采购模式、企业合理库存的管理，配合市场需求与产能从事全盘生产流程规划及策划生产的产能与弹性；会构建有效的市场体系与销售体系，准确把握最佳盈利机会，从而实现效益最大化。

5. 全面提高学生的决策能力、沟通能力和积累企业经营管理经验

"沙盘模拟"课程能提高中高级经理人员的决策能力及长期规划能力，进一步促使

他们理解决策对企业经营的影响力;加强各部门之间的沟通技能,增强与其他部门的沟通能力,促使学员理解并学会培养团队协作效应,从而积累经营管理经验。

风靡全球的"沙盘模拟"已经成为世界 500 强企业经营管理培训的主选课程,相信"沙盘模拟"也一定会在我国企业管理课程教学改革中发挥巨大的作用。

六、沙盘模拟对大学生就业创业利处

沙盘模拟教学通过全面的展示,为大学生呈现一个生动、立体的企业运营全貌,让大学生深入其中模拟企业各个重要职能岗位。同时,大学生通过自己的运作实践体会实际企业工作特点,并发现适宜自己的工作方向。

沙盘模拟必须具备两大条件,第一是实践技术,第二是心理技术。技术具体体现于分析能力、观察能力、计算能力、临场应变能力、操盘能力、决策能力。大学生通过沙盘模拟可以锻炼众多的能力。

(一)技　术

(1)分析能力:是指对其他企业的各个方面数据和不同的产品市场分布系统地进行比较,找出自己的缺点和优势,并分析优势是否可以弥补缺点。

(2)观察能力:取决于在短时间内从一家企业得到的信息多寡。也就是说,通过敏锐的观察力才能尽可能多地将一家陌生企业的信息更好地把握住。观察在于观察重点,观察对自己企业有用的信息,其他无关的就屏蔽,做到心明、眼快。

(3)计算能力:是指一看到企业信息,就能马上算出该企业下一年的经营状况及下一年提升的权益。例如,算权益,该企业预计下年出货量 40 个,平均每个净利润 40 万,10 条全自动生产线,建成两年,那么权益＝产品个数×每平均利润－(管理费＋财务费＋维修费＋折旧费＋广告费＋开发产品,市场,ISO 资格)－应交税金。

(4)临场应变能力:主要靠平时多练习,场上的因素有很多,自己的心理也会变化,平时应该多为自己设置点难题,比如少采购原料、忘记交单、忘记生产等,多锻炼应变能力。

(5)操盘能力:主要依靠长时间的操作,积累一种操作的意识、一种操作的习惯,在操作上有问题的应及时纠正,养成良好的操作习惯。

(6)决策能力:这方面主要责任在于 CEO,一家企业经营前景是否明朗,就在于 CEO 如何选择经营的路线。当有两个方案提供给 CEO 选择时,CEO 必须有冷静的分析能力以及果断的判断能力,不要畏首畏尾。这种决策能力多体现于第一年建线及选择产品,第三年建线与选择产品,还有贯穿整个模拟过程的广告投放和资金流控制,要把这些都控制好,决策能力是很重要的。

(二)心　理

心理可分为临场心态与长期心态。

（1）临场心态：是模拟前及模拟中选手因经营状况出现的各种问题而出现的情绪波动。有很多人会说，"当高手云集时，实力相当，比的就是运气"。

（2）长期心态：是经过长时间训练，了解自身能力，然后建立起来的心态，也可以说是自信的表现。心态决定了目标的高低，但要量力而为，太高的目标只会使人疲惫。

第三节　沙盘推演

沙盘推演通过引领学员进入一个模拟的竞争性行业，由学员分组建立若干模拟公司，围绕形象直观的沙盘教具，实战演练模拟企业的经营管理与市场竞争，在经历模拟企业 3～4 年的荣辱成败过程中提高战略管理能力，感悟经营决策真谛。每一年度经营结束后，学员通过对"公司"当年业绩的盘点与总结，反思决策成败，解析战略得失，梳理管理思路，暴露自身误区，并通过多次调整与改进的练习，切实提高综合管理素质。

一、沙盘推演来源

企业沙盘推演源自西方军事上的战争沙盘模拟推演。战争沙盘模拟推演通过红、蓝两军在战场上的对抗与较量，发现双方战略战术上存在的问题，提高指挥员的作战能力。英、美知名商学院和管理咨询机构很快意识到这种方法同样适合企业对中、高层经理的培养和锻炼，随即对战争沙盘模拟推演进行广泛的借鉴与研究，最终开发出了企业沙盘模拟推演这一新型现代培训模式。

沙盘推演是通过实战模拟演练完成体验式学习的。沙盘推演培训特有的互动性、趣味性、竞争性特点，能够最大限度地调动学员的学习兴趣，使学员在培训中处于高度兴奋状态，充分运用听、说、学、做、改等一系列学习手段，开启一切可以调动的感官功能，对所学内容形成深度记忆，并能够将学到的管理思路和方法很快运用到实际工作中。在沙盘推演培训中，学员得到的不再是空洞乏味的概念、理论，而是极其宝贵的实践经验和深层次的领会与感悟。

二、沙盘推演流程

（一）第一阶段：年度目标分解

将年度目标分解为"存量目标"和"增量目标"，因为二者的实现方法差别非常大，笼统分解是难以找到正确办法的。比如，某人 2020 年的销售额是 200 万元，2021 年的目标是 300 万元，其中 200 万元是"存量目标"，100 万元是"增量目标"。

（二）第二阶段：发现销量的源泉

即销量从何而来，总结保持"存量目标"的方法，发现实现"增量目标"的方法。一般来说,保持"存量目标"的方法主要是客户拜访、客情关系维护、渠道促销等常规性工作。实现"增量目标"的方法主要是新市场开发、新客户开发、新产品推广、终端扩张、终端促销、终端单品数量增加等非常规性工作。

（三）第三阶段:市场布局

"存量目标"可以从原有市场实现;"增量目标"既可以从原有目标实现,也可以从新的市场布局中实现。

市场布局有两种方法,一种是广度布局,即开发更大的市场;另一种是深度布局,即精耕细作。多数营销人都不自觉地进行广度布局。比如,某建材企业在北京只有几名业务员,而北京有200多个建材批发、零售市场。如果要求2021年销量增长1倍,业务员本能的做法是在已经开发的20个建材市场的基础上再开发20个建材市场。这种布局往往会失败,因为布局范围越大,市场维护越难。比较好的布局是深度布局,筛选2021年开发的20个建材市场,选择10个有基础的建材市场,把一个建材市场当成一个县级市场做。对于选中的建材市场,一定要精耕细作。

（四）第四阶段:推算"工作目标"

工作目标的推算方法众多,可以开发新代理商,提高产品推广数,以达到最终的目标。比如,某业务员为了完成100万元的"增量目标",必须开发2个新代理商,推广3个新产品,终端数量从500个增加到800个,终端平均单品数从原来的3个增加到5个,终端客单价从4元增加到5元。当这些工作目标完成时,"增量目标"自然就完成了。

三、沙盘推演的具体操作步骤

（一）组建模拟公司

首先,学员将以小组为单位建立模拟公司,注册公司名称,组建管理团队,参与模拟竞争。小组要根据每个成员的不同特点进行职能的分工,选举产生模拟企业的第一届总经理,确立组织愿景和使命目标。

（二）召开经营会议

当学员对模拟企业所处的宏观经济环境和所在行业特性基本了解之后,各公司总经理组织召开经营会议,依据公司战略安排,做出本期经营决策,制订各项经营计划,其中包括融资计划、生产计划、固定资产投资计划、采购计划、市场开发计划、市场营销方案。

（三）经营环境分析

任何企业的战略都是针对一定的环境条件制定的。沙盘模拟培训为模拟企业设置了全维的外部经营环境、内部运营参数和市场竞争规则。进行环境分析的目的就是努力在环境因素影响下所发生的重大事件里,找出对企业生存、发展前景具有较大影响的潜在因素,然后科学地预测其发展趋势,发现环境中蕴藏着的有利机会和主要威胁。

（四）制定竞争战略

各"公司"根据自己对市场的预测和调研，本着长期利润最大化的原则，制定、调整企业战略。战略内容包括公司战略（大战略框架）、新产品开发战略、投资战略、新市场进入战略和竞争战略。

（五）职能经理发言

各职能部门经理通过对经营的实质性参与，加深了对经营的理解，体会到了经营短视的危害，树立起为未来负责的发展观，从思想深处构建起战略管理意识，显著提高了管理的有效性。

（六）部门沟通交流

通过密集的团队沟通，团队成员充分体验交流式反馈的魅力，系统了解企业内部价值链的关系，认识到打破狭隘的部门分割、增强管理者全局意识的重要意义；深刻认识到建设积极向上的组织文化的重要性。

（七）年度财务结算

一期经营结束之后，学员自己动手填报财务报表，盘点经营业绩，进行财务分析，同时通过数字化管理，提高经营管理的科学性和准确性，理解经营结果和经营行为的逻辑关系。

（八）经营业绩汇报

各公司在盘点经营业绩之后，围绕经营结果召开期末总结会议，由总经理进行工作述职，认真反思本期各个经营环节的管理工作和策略安排，以及团队协作和计划执行的情况。总结经验、吸取教训、改进管理可以提高学员对市场竞争的把握和对企业系统运营的认识。

（九）讲师分析点评

根据各公司期末经营状况，讲师对各公司经营中的成败因素进行深入剖析，提出指导性的改进意见，并针对本期存在的共性问题进行高屋建瓴的案例分析与讲解。最后，讲师按照逐层递进的课程安排，引领学员进行重要知识内容的学习，使以往存在的管理误区得以暴露，管理理念得到梳理与更新，提高了学员洞察市场、理性决策的能力。

第二章　企业 ERP 沙盘的基本概念

  企业 ERP 沙盘模拟演练课程是一种体验式的互动的教学和学习方式,最早采用哈佛大学流行的沙盘情景教学模式,并借鉴 Management Group 公司及同类培训课程公司的相关理念和教学方式,以生产型企业为背景,让每个参赛学生置身商业实战场景,以各自代表的企业经营管理者身份,涉及财务、物流、生产、营销等重要角色,实地体验商业竞争的激烈性。

  ERP 沙盘模拟是把企业主要流程浓缩在整张沙盘上。该过程涉及战略规划、产品研发、生产计划、设备投资与改造、生产能力规划、物资采购、财务规划、市场与销售、财务经济指标分析、团队沟通与建设等多个方面。企业结构和管理的操作全部展示在模拟沙盘上,每个学员都能直接参与并模拟企业运作,在模拟运营中去体会和应用复杂、抽象的经营管理理论。例如,企业完整的物流:原料→到货→入库→销售。企业完整的资金流:货→费用,成本,应收账款,贷款等。

  教学时,学员分别组成若干个管理团队,互相竞争。每个小组由 5～7 名成员组成,分别担任公司中的重要职位(总经理、财务经理、销售经理、生产经理、采购经理、仓库主管等)。每个小组都拥有相同的资金、设备和固定资产,通过从市场中赢得订单,用现金购买原材料,入库,投入生产,完工交货,从客户手中获得现金,用现金为企业打广告,用现金开发新的产品,用现金支付员工工资及福利,用现金支付国家税收等,当资金短缺时可向银行申请贷款或变卖固定资产。

  每队要模拟管理一家拥有一定资产、销售良好、资金充裕的已经经营 3 年的离散型的制造型企业。每队拥有相同的资金,运用相同的规则,通过不同的手段连续从事 6 个会计年度的经营活动,在同行竞争、产品单一、市场狭窄等情况下,保持公司持续赢利并不断扩大生产规模,开发新的产品,开拓新的市场。最后生存下来的公司以所有者权益和净利润作为衡量企业经营胜负。

  ERP 沙盘模拟演练课程运用独特直观的道具,融入市场变数,结合角色扮演、情景模拟、讲师点评,使受训人员在虚拟的市场竞争环境中,真正体会企业数年的经营管理过程,运筹帷幄,决战商场。沙盘培训一经面世,就以独特新颖的培训模式、深刻实用的培训效果受到中外企业高级管理人员和培训专家们的青睐。目前,沙盘培训成为世界

500 强企业中 80％的中高层管理人员经营管理培训的首选课程。

第一节 企业财务管理过程

大多数制造型企业,从投资建厂开始到以后年复一年的进行企业经营,共同目标就是不断发展壮大企业规模,谋求企业利润最大化。企业每年度开始制订一年整体发展规划,财务部结合规划做好资金预算,销售部门通过各种途径接订单,由生产部门相应制订生产计划,并组织好生产,采购部根据生产计划,做好原材料采购工作,产品生产完工入库后,由仓库完成销售发货,最后收款等。企业经营其实是一个复杂的过程,为了适应千变万化的市场,必须及时做好调整,满足企业不断发展的要求。

过程管理正是企业经营具体管理中的执行层次,是企业发展策略和计划的具体实施过程,是对企业人、财、物、信息、时间五大要素的管理过程。本章节将对企业管理过程中最重要的资金流和物流进行重点介绍,剖析运作流程和主要管理工作。读者通过本章节的学习,可以加深对企业管理运作过程的理解,获得企业实际运行的知识。

企业财务管理过程是对企业资金运作的管理,是企业业务活动的价值管理过程。企业的财务管理过程可以保证企业的业务活动最终能够达到企业的基本目的,实现盈利。

一、财务管理过程概述

初始状态下的货币资本需要通过资本筹集活动来取得,企业资本的运用需要通过投资活动来实现,而企业取得的收益则需要通过资本收益分配活动来完成。这种筹资、投资和资本收益分配等资本运动,称为企业财务活动。财务管理就是对财务活动所进行的管理,即财务管理过程就是指对资本取得、资本运用和资本收益分配的过程管理。

（一）资本取得

资本取得是企业存在和发展的基本条件,是资本运作活动的起点,也是资本运用的前提。资本取得也称资本筹集,是指企业为了满足投资和用资的需要,筹措和集中资本的过程。无论是新建企业还是经营中的企业,都需要取得一定数量的资本。

企业的发展往往伴随着巨大的资本需求,而仅依靠企业自身利润的积累是远远不够的,必须广泛开展筹资活动,筹集企业生产经营发展所需要的资本。

应当注意的是,资本筹集有一个合理的数量界限,筹资不足会影响生产经营活动和投资活动,筹资过剩又会影响资本的使用效益,甚至加重企业的财务负担。

资本需要量的确定要量力而行,筹资的规模、时机和结构要适应投资的要求。同时,在确定资本需要量的基础上,要注意控制资本的投放时间,根据产品的生产规模和销售趋势,合理安排不同时期的资本投入量,减少不必要的资本占用。这都只有通过财务管理才能实现。

筹资是必然的,而筹资的目的是多样的:有为扩大生产经营规模而筹资的扩充性目的;有为偿还债务而筹资的偿债性目的;有为优化资本结构而筹资的调整性目的等。为了实现筹资的目的,企业资本筹集必须按照一定的要求进行。总的要求是,研究筹资的影响因素,讲究筹资的综合效益。具体要求是,合理确定资本需要量,控制资本投放的时间;正确选择筹资渠道和筹资方式,努力降低资本成本;分析筹资对企业控制权的影响,保持企业生产经营的独立性;合理安排资本结构,适度运用负债经营。

(二)资本运用

企业取得资本后,应当将资本有目的性地进行运用,以谋求最大的资本收益。企业资本运用是企业资本运动的中心环节,它不仅对资本筹集提出要求,而且也影响企业资本收益分配。企业资本运用包括资本投资和资本营运两个方面,前者针对长期资本而言,后者针对短期资本而言。

1. 资本投资

企业资本投资是指企业以盈利为目的的资本性支出,即企业预先投入一定数额的资本,以便获得预期经济收益的财务行为。企业在投资过程中,必须认真安排投资规模,确定投资方向,选择投资方式,确定合理的投资结构,提高投资效益,降低投资风险。

企业资本投资的方式主要为项目投资。项目投资是企业通过购买固定资产、无形资产,直接投资于企业本身生产经营活动的一种投资行为,它是一种对内的直接性投资。项目投资的目的是改善现有的生产经营条件,扩大生产能力,获得更多的经营利润。在项目投资上,财务管理的重点是:在投资项目技术性论证的基础上建立严密的投资程序,运用各种技术分析方法测算投资项目的财务效益,分析投资项目的财务可行性。

2. 资本营运

企业在日常生产经营过程中,会发生一系列经常性的资本收付。企业要采购材料或商品,以便从事生产和销售活动;当企业把产品或商品售出后,可取得收入,收回资本;如果企业现有资本不能满足企业经营的需要,还要采取短期借款方式来筹集营运资本。这些因企业生产经营而引起的财务活动构成了企业的资本营运活动,也是企业财务管理的重要内容。

在资本运用过程中,财务管理的目的是使筹集的资本得到有效和合理的应用,既保证企业资本投资和资本营运正常开展所需要的资本额度,同时尽量避免被筹集的资本被闲置。

3. 资本收益分配

企业应当通过资本运用取得收入,实现资本的保值和增值。资本收益分配是企业资本运动一次过程的终点,又是下一次资本运动的起点,起着两次资本运动之间的连接作用,是企业资本不断循环周转的重要条件。

资本收益分配是多层次的。企业通过投资取得的收入(如销售收入),首先要用以弥补生产经营耗费,缴纳流转税,其余部分为企业的营业利润。营业利润与投资净收益、营业外收支净额等构成企业的利润总额。利润总额首先要按国家规定缴纳所得税,公积金等其余利润作为投资者的收益分配给投资者,或暂时留存企业,或作为投资者的追加投资。

二、资金筹措

企业筹资的动机有扩张性动机、临时性动机、偿债性动机。扩张性动机,指企业因扩大生产经营规模或追加对外投资而产生的筹资动机;临时性动机,指企业为维持现有规模而筹措临时资金;偿债性动机,指企业偿还到期债务或调整债务结构而形成的筹资动机。

企业筹资在企业财务管理乃至企业管理中具有重要的地位:

(1)企业筹资是企业财务管理和企业生产经营活动的起点。创立企业必须筹集一定数额的资本;企业生产经营活动的开展必须以一定的资金作为条件;任何投资项目都必须以一定的资金作为保障;企业财务管理首先就是筹集资金,然后才能进行投资、资本营运以及有效地进行收益分配。

(2)企业筹资是企业经营成败的先天条件。企业筹资效率直接影响企业的经营绩效,在一定的投资报酬率的前提下,筹资成本低,企业效益就好;筹资成本高,企业效益就差。过高的筹资成本,企业注定要失败,因为先天不良。

筹资方式是指企业筹措资金所采用的具体形式,体现着资金的属性。企业筹资管理的重要内容是如何针对客观存在的筹资渠道选择合适的筹资方式进行筹资。

正确认识筹资方式的类型及各种筹资方式的属性,有利于企业选择适宜的筹资方式并有效地进行筹资组合,达到降低筹资成本的目的。

三、成本核算

成本是企业生产经营过程中所耗费的经济资源。

(一)成本的分类

1. 按经济性质分类

在实务中,为了便于分析和利用,生产经营成本按经济性质划分为以下类别:

(1)外购材料,指耗用的从外部购入的原料及主要材料、辅助材料、包装物、修理用备件、低值易耗品和外购商品等。

(2)外购燃料,指耗用的一切从外部购入的各种燃料。

(3)外购动力,指耗用的从外部购入的各种动力。

(4)工资,指企业应计入生产经营成本的职工工资。

（5）提取的职工福利费，指企业按照工资总额的一定比例提取的职工福利费。

（6）折旧费，指企业提取的固定资产折旧。

（7）税金，指应计入生产经营成本的各项税金，包括印花税、车船使用税等。

（8）其他支出，指不属于以上各要素的耗费，包括租赁费、外部加工费等。

上述生产经营成本的各要素称为"费用要素"，按照费用要素反映的费用称为"要素费用"。

2. 按经济用途分类

在实务中，按照现行财务制度规定，生产经营成本分为生产成本、营业费用和管理费用三大类：

（1）生产成本，包括4个成本项目：①直接材料，指直接用于产品生产、构成产品实体的原料及主要材料，外购半成品，有助于产品形成的辅助材料以及其他直接材料。②直接人工，指参加产品生产的工人工资以及按生产工人工资总额和规定的比例计算提取的职工福利费。③燃料和动力，指直接用于产品生产的外购和自制的燃料及动力费。④制造费用，指为生产产品和提供劳务所发生的各项间接费用。

（2）营业费用，包括营销成本、配送成本和客户服务成本。

（3）管理费用，包括研究开发成本、设计成本和行政管理成本。

成本按经济用途的分类反映了企业不同职能的耗费，也叫成本按职能的分类。这种分类有利于成本的计划、控制和考核。

（二）成本核算

成本核算的过程其实就是按经济性质归集的各种费用，按照经济用途再分类的过程。成本核算的基本步骤：

（1）对所发生的成本进行审核，确定哪些成本是属于生产经营成本，并在此基础上区分产品成本和期间成本。

（2）将应计入产品成本的各项成本区分为应当计入本月的产品成本与应当由其他月份产品负担的成本。

（3）将本月应计入产品成本的生产成本区分为直接成本和间接成本。将直接成本直接计入成本计算对象，将间接成本暂时计入有关的成本中心。

（4）将各成本中心的本月成本依据成本分配基础，按照一定的分配方法分配到最终的成本计算对象。

（5）将既有完工产品又有在产品的产品成本在完工产品和期末在产品之间进行分配，并计算出完工产品总成本和单位成本。

（6）将完工产品成本计入产成品。

（7）将期间费用直接计入本期损益。

四、现金使用预算

根据企业的需要筹措好资金后,下面就是如何合理使用资金的问题。编制资金使用计划就是将决策提供的目标和选定的方案形成与资金有关的各种计划指标,为保证计划指标完成的具体措施,协调各项计划指标之间的相互关系,编制各项资金使用计划的过程。资金使用计划也是落实企业经营目标和保证措施的重要工具。

而在企业实践中,资金使用计划常常以现金预算的形式表现出来。作为企业全面预算的一个重要部分,现金使用预算是与企业生产预算、销售预算和成本预算等互相联系的。现金使用预算的内容包括现金收入、现金支出、现金多余或不足的计算,以及不足部分的筹措方案和多余部分的利用方案等。现金使用预算实际上是其他预算有关现金收支部分的汇总,以及收支差额平衡措施的具体计划。它的编制要以其他各项预算为基础,或者说其他预算在编制时要为现金预算做好数据准备。下面分别简要介绍各项预算。

（一）销售预算

销售预算是整个预算的编制起点,其他预算的编制都以销售预算作为基础。销售预算的主要内容是销量、单价和销售收入。销量是根据市场预测或者销售合同并结合企业生产能力确定的。单价是通过价格决策确定的。销售预算中通常还包括预计现金收入的计算,其目的是为编制现金预算提供必要的资料。例如,一年中的第一季度的现金收入包括两部分,即上年应收账款在本年第一季度收到的货款,以及本季度销售中可能收到的货款部分。

（二）生产预算

生产预算是在销售预算的基础上编制的,其主要内容有销售量、期初和期末存货、生产量。通常,企业的生产和销售不能做到“同步同量”,需要设置一定的存货,以保证在发生意外需求时按时供货,并可均衡生产,节省赶工的额外支出。

生产预算在实际编制时是比较复杂的,产量受到生产能力的限制,存货数量受到仓库容量的限制,只能在此范围内安排存货数量和各期生产量。此外,有的季度可能销量很大,可以用赶工方法增产,为此要多付加班费。如果提前在淡季生产,会增加存货而多付资金利息。因此,要权衡两者得失,选择成本最低的方案。

（三）直接材料预算

直接材料预算是以生产预算为基础编制的,同时要考虑原材料存货水平。

$$计划采购量＝生产需用量－现有库存量$$

为了便于以后编制现金使用预算,通常要预计材料采购各季度的现金支出。每个季度的现金支出包括偿还到期应付账款和本期应支付的采购货款。

（四）直接人工预算

直接人工预算也是以生产预算为基础编制的,其主要内容有预计产量、单位产品人工工时、人工总工时、每小时人工成本和人工总成本。预计产量数据来自生产预算;单位产品人工工时和每小时人工成本数据来自标准成本资料;人工总工时和人工总成本是在直接人工预算中计算得来的。

（五）制造费用预算

制造费用预算通常分为变动制造费用和固定制造费用两部分。变动制造费用以生产预算为基础来编制。如果有完善的标准成本资料,用单位产品的标准成本与产量相乘,即可得到相应的预算金额。如果没有标准成本资料,就需要逐项预计计划产量需要的各项制造费用。固定制造费用需要逐项进行预计,通常与本期产量无关,按每季度实际需要的支付额预计,然后求出全年数。

（六）产品成本预算

产品成本预算是生产预算、直接材料预算、直接人工预算、制造费用预算的汇总。其主要内容是产品的单位成本和总成本。产品单位成本的有关数据来自前述三个预算(即直接材料、直接人工、制造费用预算)。生产量、期末存货量来自生产预算,销售量来自销售预算。生产成本、存货成本和销货成本等数据根据单位成本和有关数据计算得出。

（七）销售管理费用预算

销售管理费用预算是指为实现销售预算所需支付的费用预算。它以销售预算为基础,分析销售收入、销售利润和销售费用的关系,力求实现销售费用的最有效使用。在安排销售费用时,要利用本量利分析方法,费用的支出应能获取更多的收益。在草拟销售费用预算时,要对过去的销售费用进行分析,考察过去销售费用支出的必要性和效果。

（八）现金预算

现金预算由4部分组成:现金收入、现金支出、现金多余或不足、资金的筹集和运用。

现金收入部分包括期初现金余额和预算期现金收入,销货取得的现金收入是其主要来源。期初现金余额是在编制预算时预计的。销货现金收入的数据来自销售预算。可供使用现金是期初现金余额与本期现金收入之和。

现金支出部分包括预算期的各项现金支出,直接材料、直接人工、制造费用和销售管理费用的数据分别来自有关预算。此外,所得税、购买设备、股利分配等现金支出有关的数据分别来自另行编制的专门预算。

"现金多余或不足"部分显示现金收入合计与现金支出合计的差额,差额为正,说明收大于支,现金有多余,可用于偿还过去向银行取得的借款,或者用于短期投资;差额为负,说明支大于收,现金不足,要向银行取得新的借款。

$$借款额＝最低现金余额＋现金不足额$$

现金预算的编制以各项营业预算和资本预算为基础,它反映各预算期的收入款项和支出款项,并进行对比说明。其目的在于资金不足时筹措资金,资金多余时及时处理现金余额,并且提供现金收支的控制限额,发挥现金管理的作用。

第二节　企业直接生产过程

一、生产过程概述

工业产品的生产过程是指从投入原材料开始到产出产品为止的全部过程。在不同工业中，由于产品结构和工艺特点不同，生产过程的形式也不完全相同。从制造工业看，其基本上可分为两大类：一类是流程式生产过程，原材料由工厂的一端投入生产，经过顺序加工，最后成为成品。另一类是非流程式生产过程，原材料投入生产后，可进行工序分配，再进行后期组装整合。

每个生产阶段又可进一步划分为许多相互联系的工序。工序是指一个或几个工人在一个工作地点对同一个(或几个)劳动对象连续进行的生产活动。它是组成生产过程的基本环节。在生产阶段中，一件或一批相同的劳动对象，顺序地经过许多工作地，这时，在每一个工作地内连续进行的生产活动就是一道工序。

二、生产计划

企业生产计划是在企业总体经营计划指导下进行的，同时又是与企业销售计划协调后制订的。它是年度综合计划的重要组成部分，是决定企业生产经营活动的重要纲领性计划，很多企业称它为生产大纲。企业生产计划具体规定着企业在计划年度内应生产的主要产品品种、产量、质量、产值和期限等一系列指标。同时，还要充分考虑有效地运用各种资源，提高劳动生产率，降低生产成本，节约流动资金，从而最大限度地提高经济效益。因此，编制好企业生产计划是企业生产活动的纲领性文件，是企业生产管理中一项重要的工作，也是编制好企业物资供应计划、人力资源计划、财务计划等各项计划的重要依据。

（一）生产计划制订原则

生产计划除了要遵循计划工作的一般原则，还要考虑自身的特点和要求，必须遵循下列原则：

1. 以销定产、以产促销

以销定产就是企业要按照市场需要来制订计划和组织生产，按期、按质、按量、按品种向市场提供所需的产品或劳务。

2. 合理利用企业的生产能力

企业的生产计划只有同企业的生产能力相适应，才能合理地充分利用生产能力。

如果确定的生产计划低于生产能力,则造成能力浪费;反之,能力不足,则使生产计划落空。

3. 定性分析和定量分析相结合

确定生产计划指标,既要重视定性分析,也要重视定量分析,只有把两者正确地结合起来,才能优化生产计划指标。

4. 达到满意的水平

计划的编制过程也是一个决策的过程,其原则应是达到满意的水平。

（二）生产计划类型

从系统的观点看,生产计划是一个有机结合的系统,因此可以把生产计划分成长期生产计划、中期生产计划和短期生产计划。

1. 长期生产计划

长期生产计划是由企业决策部门制订的具有决定性意义的战略性规划。它是根据企业经营发展战略的要求,对有关产品发展方向、生产发展规模、技术发展水平、生产能力水平、新设施的建造和生产组织结构的改革等方面所做出的规划与决策。

2. 中期生产计划

一般情况下,企业的年度生产计划就是企业的中期生产计划,是企业中层管理部门制订的计划。它是根据企业经营目标、利润计划、销售计划的要求,确定现有条件下在计划年度内实现的生产目标,如品种、产量、质量、产值、利润、交货期等。其大致可分为生产计划、总体能力计划和产品产出进度计划几个部分进行管理。

3. 短期生产计划

短期生产计划是年度生产计划的继续和具体化,是由执行部门制订的作业计划。它具体确定日常生产运作活动的内容,常用主生产计划、物料需求计划、能力需求计划和生产作业计划等来表示。

生产计划系统地融合在各层次计划中,随着计划从战略层到战术层,再到作业层发展,层次越来越低,计划期越来越短,计划覆盖的范围越来越窄,计划内容越来越具体,计划中的不确定性越来越小。它们之间的关系表现为:以高层次计划为龙头,高层次计划为编制低层次计划提供指导和依据,低层次计划为实现高层次计划提供支持和保证。

（三）生产计划管理

企业生产计划管理是指确定和实现生产目标所需要的各项业务工作,其中包括市场预测、生产能力测算、具体编制计划、贯彻执行计划和检查调整计划等内容。

1. 市场预测

市场预测是对未来市场需求和发展的预计与推断,它是企业制订生产计划的必要前提。市场预测不仅是长期的战略性决策的重要输入,也是短期的日常运作的重要基础。企业必须通过市场预测来规划和指导自己的生产经营活动。企业市场预测的主要内容就是需求预测,即企业产品与服务的需求预测,如产品销售量,市场占有率及产品品种、花色、规格、价格的需求变化趋势等。这些预测决定企业的生产量、生产能力及计划体系,并促使企业的财务、营销、人事做相应变动。

2. 期量标准

期量标准也称生产计划标准,它是对劳动对象在生产过程中的运动所规定的时间和数量的标准,是生产计划工作的重要依据。"期"是指时间,如创造一件产品需要多长时间,相隔多长时间出产一件产品等。"量"是指数量,如一次同时投入生产运作的制品数量、库存、在制品数量等。

3. 生产能力

固定资产的生产能力,是指企业在一定的生产组织技术条件下,在一定时期内,全部生产性固定资产所能生产某种产品的最大数量或所能加工处理某种原材料的最大数量。它是反映企业生产可能性的一个重要指标。生产能力直接关系着企业生产能否满足市场需要。所以,制订生产计划前,企业必须了解自身生产能力。生产能力是生产系统内部各种资源能力的综合反映,是保证一个企业长期发展的关键因素。

第三节　企业市场营销管理

一、市场概述

在古典经济学中,对市场最先明确下定义的是杰文斯,他认为:所谓市场,是指两个以上的人,他们经营两种以上的商品,他们存在这种商品的事实和互相交换的意义,又为一切人所知道。因此,市场是指某种商品的现实购买者和潜在购买者需求的总和。美国市场营销协会(American Marketing Association,AMA)的定义委员会给市场下的定义是:市场是指一种货物或劳务的潜在购买者的集合需求。一般来说,在营销管理中,我们认为市场是具有特定需求和欲望,而且愿意并能够通过交换来满足这种需求或欲望的全部潜在顾客。市场包含 3 个主要因素,即有某种需要的人、为满足这种需要的购买能力和购买欲望,即

市场＝人口＋购买力＋购买欲望

二、市场营销概述

市场营销就是企业在一定的市场环境中,在有效的时间、有效的地点、以顾客接受的价格和沟通方式将符合顾客需求的产品卖给企业的目标顾客,并实现顾客的满意与

忠诚的过程。

我们认为,市场营销的研究对象是市场营销活动及其规律,即研究企业如何识别、分析评价、选择和利用市场机会,从满足目标市场顾客需求出发,有计划地组织企业的整体活动,通过交换将产品从生产者手中转向消费者手中,以实现企业营销目标。市场营销既是一种组织职能,也是为了组织自身及利益相关者的利益而创造、传播、传递客户价值,管理客户关系的一系列过程。

AMA于1985年对市场营销下了更完整和全面的定义:市场营销是对思想、产品及劳务进行设计、定价、促销及分销的计划和实施过程,从而产生满足个人和组织目标的交换。

三、市场营销过程

市场营销是一个管理过程,这个过程需要我们确定并预计客户的需求,再通过一系列的研发、生产、销售、客户服务环节去满足客户的需求,并在满足客户需求的过程中保证企业盈利。这个过程相当复杂,与企业内外部环境紧密相关,需要进行科学的管理。

市场营销过程是指企业千方百计满足消费者消费需求,实现企业经营目标的商业活动过程,它包括市场调研、产品开发、价格确定、销售渠道、促销策略、售后服务等一系列与市场有关的企业经营活动。市场营销过程也就是企业为实现企业任务和目标而发现、分析、选择和利用市场机会的管理过程。更具体地说,市场营销过程包括如下步骤。

(一)发现和评价市场机会

所谓潜在的市场,就是客观上已经存在或即将形成而尚未被人们认识的市场。要发现潜在市场,必须进行深入细致的调查研究,弄清市场对象是谁,容量有多大,消费者的心理、经济承受力如何,市场的内外部环境怎样,等等;要发现潜在市场,除了充分了解当前的情况,还应该按照经济发展的规律预测未来发展的趋势。市场营销管理人员可采取以下方法来寻找、发现市场机会:

(1)广泛搜集市场信息。

(2)借助产品/市场矩阵。

(3)细分市场。

市场营销管理人员不仅要善于寻找、发现有吸引力的市场机会,而且要善于对所发现的各种市场机会加以评价,要看这些市场机会与本企业的任务、目标、资源条件等是否相一致,要选择那些比其潜在竞争者有更大的优势、能享有更大的"差别利益"的市场机会作为本企业的企业机会。

(二)选择目标市场

目标市场营销即企业识别各个不同的购买者群,进行市场细分,选择其中一个或几个作为目标市场,运用适当的市场营销组合,集中力量为目标市场服务,满足目标市场需要。目标市场营销由 3 个步骤组成:一是市场细分;二是目标市场选择;三是市场定位。

(三)发展市场营销组合和决定市场营销战略

市场营销组合就是公司为了满足这个目标顾客群的需要而加以组合的可控制的变量。市场营销战略就是企业根据可能机会选择一个目标市场,并试图为目标市场提供一个有吸引力的市场营销组合。市场营销组合中所包含的可控制的变量很多,可以概括为 4 个基本变量,即产品、价格、地点和促销。

(四)执行和控制市场营销计划

在市场营销中,按照公司营销战略和计划执行之后,市场营销管理人员要评价和监督执行是否与计划符合,如果不符合,是什么原因引起的,是应该修改计划还是应该改变原先的执行模式。

市场营销计划控制包括年度计划控制、盈利能力控制、效率控制和战略控制。

(1)年度计划控制:是指企业在本年度内采取控制步骤,检查实际绩效与计划之间是否有偏差,并采取改进措施,以确保市场营销计划的实现与完成。

(2)盈利能力控制:运用盈利能力控制来测定不同产品、不同销售区域、不同顾客群体、不同渠道以及不同订货规模的盈利能力。

(3)效率控制:以高效率的方式来管理销售人员、广告、销售促进及分销。

(4)战略控制:是指市场营销管理人员采取一系列行动,使实际市场营销工作与原规划尽可能一致,在控制中通过不断评审和信息反馈,对战略不断修正。

第四节 企业采购管理

采购管理是企业物资供应的重要环节。现代采购管理是基于供应链概念下,整合供应商、制造商物流过程,达到最优的产品和服务,按照最优的时间以最优的数量配送到最优的地点,使系统成本降到最低而又满足客户的服务需求。基于供应链管理的理念要求企业将整个供应链上的企业(包括供应商、分销商和企业自身)利益统筹考虑,实现整个供应链的物料供应的稳定性和效益最大化。

一、采购管理概述

众所周知,物料供应管理已成为制约企业生存与发展的核心要素,其中,如何有效地运用企业的物流采购供应链及其资源是现代企业面临的重大难题之一,并且在企业经营战略中占有至关重要的地位,是全面改善和大力提升企业整体管理水平的重要环节。

现代企业经常使用的是 ERP(企业资源计划)系统,这能使人们获得更多、更新、更全面、更精确、更及时的信息,利用这些信息拓展采购视野,以便在与供应商谈判时掌握主动权,提高工作效率和改善作业流程,从而将更多的时间放到采购策略和绩效提升等重要工作上去。这里将采购管理组织分成 4 个层次:一是管理制度,主要是确定采购组织部门的方向,解决关键与重大的管理问题;二是工作标准,按工作岗位拟订、衡量工作做得好坏的基准,是用于检验考评工作人员是否称职的依据;三是运作程序,规定物流采购工作层面各接口环节的运作程序;四是作业流程,更为详细地制定各项具体业务的作业流程图,明确指导采购人员按作业流程正确执行工作指令,及时完成本职工作任务。这些都是物流采购系统规范化管理的基础,有利于采购管理工作全面走上正轨。

二、采购过程

采购就是在适当的时候以适当的价格从适当的供应商处买回所需数量商品的活动。据统计,在采购过程中,通过价格谈判降低成本的幅度一般在 3%～5%,通过采购市场调研比较、优化供应商平均可降低成本 3%～10%,通过发展伙伴型供应商并对供应商进行综合改进,可降低成本 10%～25%。从采购管理的角度讲,职责包括制定并实施采购的方针、策略、流程、目标及改进计划,并进行采购及供应商绩效衡量,建立供应商审核及认可、考核与评估体系,开展采购系统自我评估,培养并建立稳定且有创造性的专业采购队伍等。

采购在企业管理中具有重要地位的原因首先在于采购存在"利润杠杆效应",正是这个效应的存在才使得企业的高层管理者们想方设法在采购上下功夫,为企业"挤"出更多的利润,也正是如此,才使得采购部门越来越受到这个微利时代的企业高层管理者们的更多重视。例如,假设一个企业 50% 的资金用于采购原材料,其税前利润为 10%,那么它每收入 10 万元,将获得 1 万元的利润,并且这 10 万元收入中将有 5 万元用于采购。假设采购部经过努力降低了 2% 的采购成本,那么在利润中将增加 1000 元。如果换成通过增加销售来获取这 1000 元的利润,那么要增加 10% 的销售额才能实现,即多卖 1 万元才行。但是不要简单地将 2% 和 10% 进行比较,因为要降低 2% 的采购成本看似不难,但在实际作业中可能就要为这 2% 费尽心机,有时经过了努力仍有可能达不到目标。

一般而言,采购程序有如下几大关键步骤:

(1)发现需求。通过对生产或者其他部门提出的物料需求计划进行分析,明确企业自身的需求。

(2)对需求进行描述。即对所需的物品、商品或服务的特点和数量准确加以说明。

(3)确定可能的供应商并对其加以分析。决定和某个供应商进行大量业务往来通常需要一系列合理的标准。良好的采购技术是决策背后尽可能合理的论证过程。通常情况下,采购方对供应商能否满足自己的质量、数量、交付、价格、服务目标等的观察将支配决策结果。与这些基本采购目标相关的还有一些更重要的供应商品质,包括历史记录、设备与技术力量、财务状况、组织与管理、声誉、系统、程序柔性、通信、劳资关系、位置等。

(4)确定价格和采购条件。通过双方的谈判和协调,确定双赢的价格和采购条件,为双方的长期合作奠定基础。

(5)拟定并发出采购订单。按照采购计划,发出详细的采购订单,开始采购行动。

(6)对订单进行跟踪或催货。发出订单之后,采购工作的任务就是跟踪订单的执行情况,看订单是否按照计划执行,如果出现偏差,要及时协调并且采取措施完成采购计划。

(7)接受并检验收到的货物。在供应商的货物按照供应计划交货时,企业要对货物进行详细检查,看货物是否符合采购要求,并且按照科学方法进行物料的仓储管理。

(8)结清发票并支付货款。按照双方合同和协议要求支付供应商货款并索取发票。

(9)维护记录。对供应商进行不断的评价和管理,争取和供应商建立长期的战略合作关系。

第三章 企业 ERP 沙盘模拟演练

第一节 ERP 沙盘模拟意义与角色定位

一、ERP 沙盘模拟的作用

学员通过企业沙盘模拟演练的学习,明晰企业沙盘模拟演练的核心。ERP 沙盘模拟是企业根据自己对未来社会、经济和市场发展趋势的科学分析,以及根据自身条件与竞争对手的条件,对企业未来发展所进行的策划。这种策划的实施,主要涉及企业资源的配置。企业资源的配置需要综合考虑市场、原材料、生产设备、市场营销、技术创新等各种因素,因此模拟时需将这些因素综合在一起,以构建虚拟的实际市场,以此让学员通过对这些因素的考虑、选择,从而对自己选择的企业展开经营,并最终检验自己经营思想、经营方式的效果。

ERP 沙盘模拟要求学员从先前的管理团队中接手企业,在面对来自其他企业的激烈竞争时,将企业向前推进、发展。在这个模拟中,学员必须把学过的知识运用到模拟演练中,做出众多的决策。

二、ERP 沙盘模拟的要求

ERP 沙盘模拟要求学员必须熟练掌握已经学过的知识,并且加以分析和整理,通过掌握的信息进行正确的研究、分析、判断,最后做出决策。模拟分为两部分:第一部分模拟对抗规则的系统介绍,第二部分在教学中模拟演练。

三、ERP 沙盘模拟的原理

学员根据企业实际经营所需要考虑的各类因素和这些因素在企业经营中所占的权重,以及各类因素所需要花费的成本、所能创造的效益等,在实验中对这些因素进行选择。其选择的结果,实际上是这些因素综合作用的结果。而这一综合结果,反映了学员对社会、经济和市场发展趋势分析的正确性,对竞争对手的分析和自身分析的正确性,以及由此所选择经营战略的合理性。

四、ERP 沙盘模拟所需设备、材料

(一)沙盘盘面结构

(1)盘面布局:总经办、财务部、销售部、生产中心、采购部、材料仓、成品仓。

(2)角色配置:总经理、财务经理、销售经理、生产经理、采购经理、仓库主管。

(3)总体布局示意图(图 3-1),具体设计要根据模拟需求再行设定(平面图,长110mm,宽90mm)。

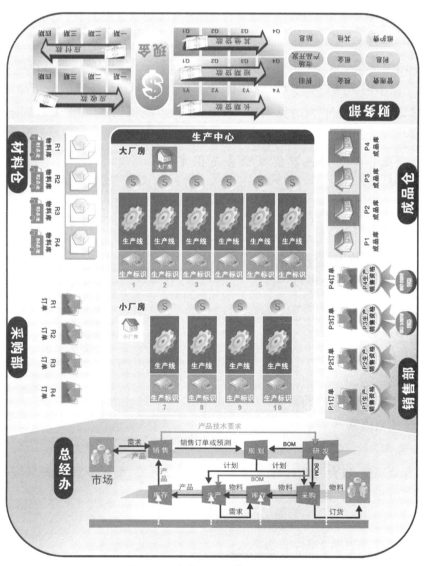

图 3-1 沙盘盘面总体布局示意

（二）沙盘盘面

ERP沙盘模拟教学还需要一个沙盘盘面，其盘面为一张类似大型海报的图面，图面分上、中、下三大块。最上面部分占图面位置最小，依次是综合费用的开支区、贷款区与融资区、4期（4Q）的应收账款库、应付账款、现金。综合费用分为9项，分别留有放置筹码的位置，以形象地表示费用的发生。最上面中间部分为长期贷款、短期贷款、其他贷款区，另一侧反映资金的流动，依次为4Q的应收账款库、现金库和分期反映库，现金的流动被形象地反映为随着时间的推移，应收账款逐步到期，由上至下流入现金库；而筹资的各项也逐步到期，向现金库方向流去，用现金支付到期贷款；中间的现金库则反映企业可用的现金额。占图面80%的中间地盘又被分为左、中、右3块，中部为生产中心，生产中心又分为两部分，上部为大厂房，下部为小厂房。其中，大厂房有6条生产线，小厂房有4条生产线。左边反映生产的进行，依次为采购部及材料仓。首先是原材料的订购，随着时间的推移，由原材料库转入生产线，按照不同的生产线生产周期，逐步转入产成品库，到交货期，从产成品库取出产品换取一定付款期的应收账款或现金。右边为销售部及产品不同区域销售市场、成品仓。最下面的一部分，反映的是产品的开发投入、ISO认证投入、市场开发的投入等。沙盘演习过程所需的材料、产品、资金，都通过不同的筹码来表示，并在盘面上反映其流动。

（三）企业各部门角色职能及业务范围定义

1. 沙盘角色

（1）总经办（总经理）。

（2）财务部（财务经理）。

（3）销售部（销售经理）。

（4）生产中心（生产经理）。

（5）采购部（采购经理）。

（6）成品仓（仓库主管）。

2. 各角色职能情况及一般规则描述

（1）总经办：

①设置ERP关键业务流程图。

②总体规划决策。

（2）财务部：

①设置管理费、税金、折旧、利息、租金、市场产品开发、维护费、其他等区域。

②设置应收、应付、现金、贷款等区域。

③账期：每季度为1Q，每年共4个账期。

④资金：1个币表示1M（100万元）。

⑤贷款：分账期贷款。

⑥应收款:分账期应收。

⑦应付款:分账期应付。

⑧现金:若干。

(3)销售部:

①设置产品市场开发区域、产品下单区域。

②产品市场开发:P1、P2、P3、P4 共 4 种产品。

(4)生产中心:

①设置小厂房、大厂房区域。小厂房可容纳 4 条手工生产线或者 4 条自动生产线。大厂房可容纳 6 条手工生产线或者 6 条自动生产线。

②设置生产线:手工生产线,生产提前期为 3Q;自动生产线,生产提前期为 1Q。

③生产产品:利用 R1、R2、R3、R4 共 4 种物料生产 P1、P2、P3、P4 共 4 种产品,其物料构成如下:

P1:R1×1。

P2:R1×2+R2×1。

P3:R1×3+R3×1。

P4:R1×4+R4×1。

其中,物料购买单价如下:

R1:1M。

R2:1M。

R3:1M。

R4:1M。

(5)采购部:

①设置物料下单区域。

②制定采购规划,并采购物料 R1、R2、R3、R4 等。

(6)仓库:

①设置物料仓库区域以及成品仓库区域。

②负责材料仓以及成品仓的进出管理。

3. 沙盘 ERP 业务模拟及所属管辖角色定义

(1)期初盘点(总经理)。

①流动资产:现金、应收款、原材料、在制品、产成品。

②固定资产:厂房、生产线。

(2)更新贷款/还本付息(财务经理)。

(3)申请贷款(短期)(财务经理)。

(4)更新/归还应付款(财务经理)。

（5）原材料采购入库（采购经理）。

（6）新增采购订单（采购经理）。

（7）更新生产/生产完工入库（生产经理）。

（8）投资新生产线/变卖生产线/生产线转产（生产经理）。

（9）生产安排上线（生产经理）。

（10）更新应收款/应收款收现（财务经理）。

（11）出售厂房（生产经理）。

（12）按订单交货出售成品（销售经理）。

（13）产品市场研发投资（销售经理）。

（14）支付行政管理费用（财务经理）。

（15）其他现金收支（财务经理）。

（16）支付设备维修费用（财务经理）。

（17）支付租金（财务经理）。

（18）购买厂房（财务经理）。

（19）固定资产折旧（财务经理）。

（20）市场开发/ISO 认证投资（销售经理）。

（21）期末盘点（总经理）。

（22）年末财务结账,编制财务报表（财务经理）。

4. 沙盘道具清单

（1）沙盘盘面（喷画）。

（2）小组名称标牌。

（3）放置货币桶、物料产品桶的盘。

（4）面值 1M 的货币（塑料币）。

（5）货币桶、物料产品桶（塑料圆桶,每桶可以存放 20 个币）。

（6）代表材料价值的硬币:R1、R2、R3、R4（R1—红;R2—绿;R3—黄;R4—灰）,不同颜色便于区分（塑料币）。

产品直接以物料币叠加桶表示,如把 2 个 R1 以及 1 个 R2 装在一个成品桶中表示一个成品 P2（产品桶＋物料币）,每桶一个。

（7）产品 P1、P2、P3、P4 标志卡（纸板）。

（8）手动生产线、自动生产线（纸板）。

（9）小厂房、大厂房（纸板）。

（10）沙盘道具包装箱（皮箱或者包）。

第二节 ERP 沙盘模拟操作

一、模拟的要求、条件、方法及步骤

（一）模拟的要求

（1）在模拟前必须认真阅读熟悉 ERP 沙盘操作方法。

（2）每个小组必须熟悉 ERP 模拟演练规则。

（二）模拟的条件

企业沙盘模拟空间必须根据团队数量进行规划，以满足沙盘模拟所需的空间要求。

（三）模拟的方法及步骤

（1）在每一个模拟沙盘上，将学员进行分组。分组原则以自愿为主，每组人数以 6 人为宜（也可以适当增加）。

（2）每一小组的学员通过推选，确定自己小组的总经理，再依次确定采购负责人、生产负责人、财会负责人、技术研究开发负责人、市场营销负责人等。

（3）向每组学员提供经营状况相对较差、经营条件相似的企业。

（4）由教师负责充当企业外部所需要的各类市场代表、各类融资供给方代表、各类原材料供应方代表、各类生产设备供应方代表、各类技术供应方代表。

（5）让学员依据自己对市场的分析（由于市场状况的资料取自以往真实市场发展的数据整理，因此学员在对市场进行分析时，往往难以靠经验直接得出结论），以及对对手（其他小组）经营行为的判断，决定自己的经营（融资、设备采购、原材料供应商和市场营销、技术创新方式等的选择）方式。

（6）经过一段时间的经营以后，教师对各小组长的经营结果进行评价（但不涉及各小组的资产构成、经营方针等经营的机密），以便让参与模拟的学员了解自己的经营状况，并对其进行调整。

（7）经过几轮经营后，最后由教师对各小组的经营业绩进行盘点，并按资产、资金、市场、设备等状况，确定各小组经营的优劣，进行排序。

每个团队所接手的公司的起点是相同的，建立相同的组织机构。ERP 沙盘模拟使用了简化企业组织结构的形式，由以下几个角色组成：总经理、财务经理、销售经理、生产经理、采购经理、仓库主管。如果该团队的人员较多，则可增加财务助理、生产助理等职位。ERP 沙盘是一个在已经运行的企业的基础上进行模拟。初步接手的公司，从其公司的基本资料显示，公司的发展已经缓慢，设备陈旧、市场和产品单一，发展前景不容乐观。于是公司董事会及全体股东决定将公司交给一批优秀的新人去发展（也就是参与沙盘模拟的团队），希望新的管理团队能开发新的市场、研发新的产品、采用现代化的生产方式，努力提高生产率，使企业进入全面快速发展阶段。

二、模拟企业经营

（一）模拟企业整个经营业务流程

1. 每年年初

（1）新年度规划会议。

（2）确定下一年的广告费用投放量。

（3）参加产品订货会/争取销售订单。

（4）支付应付税金（根据上一年度结果）。

2. 每个季度

（1）每个季度初进行现金盘点。

（2）更新短期贷款/还本付息/申请短期贷款。

（3）更新应付款/归还应付款。

（4）原材料入库。

（5）下原料订单。

（6）更新生产/完工入库。

（7）投资新生产线/变卖生产线/生产线转产。

（8）开始下一批生产。

（9）更新应收款/应收款变现。

（10）出售厂房。

（11）按订单交货。

（12）产品研发投资。

（13）支付行政管理费用。

3. 每年年末

（1）支付长期贷款利息/申请长期贷款。

（2）支付设备维修费。

（3）支付租金（或购买建筑厂房）。

（4）计提折旧。

（5）新市场开拓投资/ISO 资格认证投资。

（6）年末结账。

根据以上任务，小组成员按顺序同时进行处理，各部门经理根据任务表在总经理指挥下进行自己职责范围内的具体操作。

(二)沙盘关键业务运行规则说明

1. 筹　资

筹资情况见表 3-1。

表 3-1　筹资情况

贷款类型	贷款时间	贷款额度	利　息	还款方式
短期贷款	每季度初	所有者权益的 3 倍	5%/年	每季度申请新贷款,利随本清
长期贷款	每年年末	所有者权益的 3 倍	1%/年	每年年末付息,到期还本

2. 厂房投资

企业拥有自己的大厂房,另外在盘面上还有一个小厂房可供选择,具体信息见表 3-2。

表 3-2　厂房投资情况

厂　房	买　价	租　金	售　价	生产线容量
大厂房	40M	5M/年	40M(2Q)	6 条生产线
小厂房	30M	3M/年	30M(2Q)	4 条生产线

3. 生产线投资

生产线投资情况见表 3-3。

表 3-3　生产线投资情况

生产线	购买价格	生产周期	转产费	维修费	残　值
手工线	5M	3Q	0	1M/Y	1M
自动线	10M	1Q	1M	1M/Y	3M

4. 产品市场开发投资

产品市场开发投资情况见表 3-4。

表 3-4　产品市场开发投资情况

产　品	开发周期	开发总投入	每季度开发投入
P1	0	0	0
P2	2Q	2M	1M
P3	3Q	6M	2M
P4	4Q	12M	3M

5. 产品生产

产品生产情况见表 3-5。

表 3-5　产品生产情况

产　品	原材料清单	原材料单价	原材料总价值	加工费	直接生产成本
P1	R1×1	1M	1M	1M	2M
P2	R1×2+R2×1	1M	3M	1M	4M
P3	R1×3+R3×1	1M	4M	1M	5M
P4	R1×4+R4×1	1M	5M	1M	6M

6. 材料采购

材料采购情况见表 3-6。

表 3-6　材料采购情况

原材料	采购提前期
R1	1Q
R2	1Q
R3	2Q
R4	2Q

7. 参加订货会(广告投放费)

广告是分产品投放的,每种产品投入 1M 均最多有 10 个可接单数量,多投多选,见表 3-7。例如,投入 1M 的 P1 广告,则可以选 P1 产品的数量最多 10 个;投入 2M,则最多可选 20 个,以此类推。

另外,如果要拿 P2、P3 产品的单,则企业必须有 ISO9000 资格认证;拿 P4 产品的单,必须有 ISO14000 资格认证。

表 3-7　广告投放规则

产　品	可接单规则
P1	10 个内 P1/1M
P2(条件:ISP9000)	10 个内 P2/1M
P3(条件:ISP9000)	10 个内 P3/1M
P4(条件:ISP14000)	10 个内 P4/1M

8. 销售违约费用

销售违约费用情况见表 3-8。

表 3-8 销售违约费用情况

不能交付的销售接单额度	销售违约费用
≤10M	1M
≤30M	2M
30M 以上	3M

9. 管理费用规则

管理费用规则见表 3-9。

表 3-9 管理费用规则

管理费用	支付方式
1M/Q	每季度支付

10. 应收贴现规则

应收贴现规则见表 3-10。

表 3-10 应收贴现规则

贴现额度	贴现贴息计算
≤10M	支付 1M 贴息
≤20M	支付 2M 贴息
≤30M	支付 3M 贴息
30M 以上	支付 4M 贴息

11. 税金规则

税金规则见表 3-11。

表 3-11 税金规则

税金费用计算方式	支付方式
所得税率按 33% 计算 ①当上一年的所有者权益小于初始状态时,税金的计算为: 税金=(上一年所有者权益+本年税前利润-第 0 年末所有者权益)×33% ②当上一年的所有者权益大于初始状态时,税金的计算为: 税金=本年税前利润×33%,计算得出后不足 1 则取 1,超过 1 则取整数	每年年末计算,下一年年初支付

12. ISO 资格认证

ISO 资格认证情况见表 3-12。

表 3-12　ISO 资格认证情况

ISO 资格认证	开发周期	投资金额	投资总金额
ISO9000	2Q	1M/Q	2M
ISO14000	3Q	1M/Q	3M

（三）企业经营现状介绍

在学员开始模拟实战之前,教师先介绍一下他们所接手的公司的概况。该企业是一个典型的离散制造型企业,创建已经有 3 年了,长期以来一直专注于某行业 P 产品的生产和经营。目前公司的财务状况如下:

沙盘第 0 年期末状况:

(1)流动资产。

①现金:2 桶,共 40M。

②应收款:20M,账期为 2Q。

③在制品:4 条手工生产线上在产 P1 共 4 个,每个价值 2M,共 8M。第一条生产线的产品在 1Q,第二条生产线的产品在 2Q,第三条生产线的产品在 3Q,第四条生产线的产品在 1Q。

④成品:成品库有 2 个 P1 完工产品,每个价值 2M,共 4M。

⑤原料:3 个 R1,共 72M。

(2)固定资产。

①土地和厂房建筑:一个大厂房,价值 40M。

②生产线设备:4 条手工线,每条价值 5M,净值 5M;2 条自动线,每条 10M,净值 10M。

③在建工程:没有新的工程建设,共 80M。

(3)负债。

①贷款负债:无。

②应付账款:无。

③应交税金:1M,共 1M。

(4)所有者权益。

①股东资本:100M。

②利润留存:48M。

③年度净利润:3M,共 151M。

综述:具体状况见表 3-13。

表 3-13 第 0 年的资产负债表

单位:万元

资 产	期初数	期末数	负债和所有者权益	期初数	期末数
流动资产:			负债:		
现金		40	长期贷款		
应收款		20	短期贷款		
在制品		8	其他贷款		
成品		4	应付账款		
原料			应交税金		1
流动资产合计		72	负债合计		1
固定资产:			所有者权益:		
土地和厂房建筑		40	股东资本		100
生产线设备		40	未分配利润		48
在建工程			年度净利润		3
固定资产合计		80	所有者权益合计		151
资产总计		152	负债和所有者权益总计		152

第三节 ERP 沙盘演练实例

一、新年度规划会议

在新的一年经营开始之前,总经理应当召集各部门经理召开新年度规划会议,根据各位经理的信息和企业的实际情况,制定企业在新一年的各项投资计划,包括市场和认证开发、设备投资、生产经营等规划。同时,为了能准确地在一年一度的产品订货会上争取销售订单,生产经理应精确地计算出企业在该年的产品完工数量,确定企业的可接订单数量。

操作完后,总经理在运营流程表对应的方格内打"√"。

二、参加订货会

对于沙盘企业而言,销售产品的唯一途径就是参加产品订货会,争取销售订单。参加产品订货会需要在目标市场投放广告,只有投放了广告,企业才有资格在该市场争取订单。

一般情况下,销售经理代表企业参加订货会,争取销售订单。但为了从容应对竞单过程中可能出现的各种复杂情况,也可由销售经理与总经理一起参加订货会。应当注意的是,企业争取的订单一定不能突破企业的最大产能,否则,不能按期交单将给企业带来很大的损失。

另外,广告投放费用一般不能突破企业年初未经营前现金库中的现金余额。支付广告费时,由财务经理从现金库中取出广告费数额,放在综合费用的"广告费"中,并在经营流程表对应的方格内记录支付的现金数[用(负号)"一"表示现金支出]。

三、登记销售订单

拿回订单后,财务经理和销售经理分别在任务清单的"订单登记表"中一一对订单进行登记。

操作完后,总经理在运营流程表对应的方格内打"√"。

四、制订新年度计划

企业参加订货会取得销售订单后,已经明确了当年的销售任务。企业应当根据销售订单对前期制订的新年度计划进行调整,制订新年度工作计划。新年度工作计划包括投资计划、生产计划、销售计划、采购计划、资金筹集计划等。

在沙盘企业中,财务经理通过编制预算,特别是现金预算,可以及时在企业经营之前预见经营过程中可能出现的现金短缺或盈余,便于企业安排资金的筹集和使用。同时,通过预算,可以及时对企业的规划进行调整,防止出现由于资金断流而破产的情况。由财务经理收集各部门的数据在资金预算表上做出一年度的资金预算。

操作完后,总经理在运营流程表对应的方格内打"√"。

五、支付应付税

企业应在年初支付上一年应交的税金。企业按照上一年资产负债表中"应交税金"项目的数值交纳税金。交纳税金时财务经理从现金库中拿出相应现金放在沙盘"综合费用"的"税金"处,并在运营流程表对应的方格内记录现金的减少数,用负号("一")表示现金数。

六、季初盘点

盘点方法主要采用实地盘点法,就是对沙盘盘面的资产逐一点清,盘出实有数量,然后将任务清单上记录的余额与其核对,最终确定余额。

盘点时,总经理指挥、监督团队成员各司其职,认真进行。如果盘点的余额与账面一致,各成员将结果准确无误地填写在任务清单的对应位置。

七、更新短期贷款/还本付息/申请短期贷款

（1）财务经理更新短期贷款。将短期贷款往现金库方向推进一格,表示短期贷款离还款时间更接近。如果短期贷款已经推进现金库,则表示该贷款到期,应还本付息。

（2）还本付息。财务经理从现金库中拿出利息放在沙盘"综合费用"的"利息"处,拿出相当于应归还贷款本金的现金到交易处偿还短期贷款。

（3）申请短期贷款。财务经理填写"公司贷款申请表"到交易处贷款。短期贷款贷入后,放置一个空桶在短期贷款的第四账期处,将现金放在现金库中。

财务经理操作完后在运营流程表对应的方格内登记现金增减情况。

操作完后,总经理在运营流程表对应的方格内打"√"。

八、更新应付款/归还应付款

企业如果采用赊购方式购买原材料,就涉及应付账款。财务经理将应付款向现金库方向推进一格,当应付款到达现金库时,表示应付款到期,必须用现金偿还。

财务经理操作完后在运营流程表对应的方格内登记现金的减少数。

操作完后,总经理在运营流程表对应的方格内打"√"。

九、原材料采购入库

企业只有在前期订购了原材料,在交易处登记了原材料采购数量,才能购买原材料,如在第一季度就要下第二季度的原材料订单。每个季度,企业应将沙盘中的"原材料订单"向原材料库推进一格。如果已经推到原材料库,表示原材料已经到达企业。

采购经理持现金和"采购登记表"在交易处买回原材料,放在原材料库中,并在"采购登记表"中记录采购数量。

财务经理支付原材料费用,从现金库中拿出现金给采购经理采购。财务经理同时在运营流程表对应的方格内记录现金的减少数。

操作完后,总经理在运营流程表对应的方格内打"√"。

十、下原材料订单

购买原材料必须提前在交易处下原材料订单,没有下订单不能购买。下原材料订

单不需要支付现金。

采购经理下原材料订单,在"采购登记表"上登记订购的原材料品种和数量,在交易处办理订货手续,将取得的原材料订单放在沙盘的"原材料订单"处。

操作完后,总经理在运营流程表对应的方格内打"√"。

十一、更新生产/完工入库

生产经理更新生产,将生产线上的在制品向前推一格。如果已经推到生产线以外,表示产品完工下线,将产品放到对应的成品仓库中。生产经理在运营流程表对应的方格内记录完工产品的数量。如果产品没有完工,则在运营流程表对应的方格内打"×"。

操作完后,总经理在运营流程表对应的方格内打"√"。

十二、投资新生产线/变卖生产线/生产线转产

(1)投资新生产线。生产经理向财务经理申请建设资金,然后生产经理到交易处购买生产线,并领取产品标识放到对应的生产线上,到下一季度才能投入使用。

(2)变卖生产线。生产线只能按残值变卖。变卖时,将生产线及其产品生产标识交还给交易处,并将生产线的残值从"价值"处取出,将等同于变卖的生产线的残值部分交给财务经理,相当于变卖收到的现金,并将现金放在现金库中。

(3)生产线转产。生产经理持原产品标识在交易处更换新的产品标识,财务经理从现金库中取出现金给生产经理支付转产费用,并将新的产品标识放在生产线的"产品标识"处,到下一季度才能投入使用。

财务经理操作完后在运营流程表对应方格内登记现金的增减情况。

操作完后,总经理在运营流程表对应的方格内打"√"。

十三、生产安排上线(开始下一批生产,支付加工费)

生产经理从采购经理处申请领用原材料,并从财务经理处申请取得生产品加工所需的加工费。开始上线生产,将生产产品所需的原材料和加工费放置在同一个空桶中(一个空桶表示一个产品),然后将空桶放在对应的生产线上,表示开始生产。

财务经理根据支付的加工费在运营流程表对应的方格内登记现金的减少数。

操作完后,总经理在运营流程表对应的方格内打"√"。

十四、更新应收款/应收款收现

在沙盘企业中,企业销售产品一般收到的是"欠条"——应收款。每个季度,财务经理把应收款向现金库方向推进一格,表示应收款账期的减少。当应收款被推到现金库时,表示应收款到期,企业应持收款凭条到交易处领取现金。

财务经理操作完后应在运营流程表对应的方格内登记应收款到期收到的现金数。

操作完后,总经理在运营流程表对应的方格内打"√"。

十五、出售厂房

企业如果需要筹集资金,可以出售厂房,厂房按原价出售。出售厂房当期不能收到现金,只能收到一张 2 个账期的应收款凭条。年末时,如果没有厂房,必须支付租金。

出售厂房时,生产经理将厂房拿到交易处,领回 40M 的应收款凭条,交给财务经理。

操作完后,总经理在运营流程表对应的方格内打"√"。

十六、按订单交货

营销经理将销售订单和相应数量的产品拿到交易处销售,并在运营流程表对应的方格内打"√"。销售后,将收到的应收款凭条或现金交给财务经理。财务经理同时在运营流程表对应的方格内登记应收款或现金的增加数。

操作完后,总经理在运营流程表对应的方格内打"√"。

十七、产品研发投资

企业如需要研发新产品,销售经理从财务经理处申请取得研发所需的现金,放在产品研发的对应位置的空桶内。如果产品研发完成,则从交易处取得生产资格证放置在"生产资格"处。企业取得生产资格证后,到下一季度才可以开始生产该产品。

财务经理同时在运营流程表对应的方格内登记研发费用的支出。

操作完后,总经理在运营流程表对应的方格内打"√",如果不做上面的操作则打"×"。

十八、支付行政管理费

在沙盘企业中,行政管理费在每季度末一次性支付1M。

财务经理每季度从现金库中取出 1M 现金放在综合费用的"管理费"处,并在运营流程表对应的方格内登记现金的减少数。

操作完后,总经理在运营流程表对应的方格内打"√"。

十九、其他现金收支情况登记

企业如果有其他现金增加和减少情况,财务经理则在运营流程表对应的方格内登记现金的增减数。

操作完后,总经理在运营流程表对应的方格内打"√",如果没有其他现金增减情况则打"×"。

二十、季末盘点

每季度末,企业对现金库中的现金进行盘点,账实相符,则将该数额填写在运营流程表对应的方格内;如果账实不符,则找出原因。

二十一、支付利息/更新长期贷款/申请长期贷款

长期贷款只能在每年年末进行,每年年末付息一次,到期还本。

(1)支付利息。财务经理根据长期贷款计算利息之后,从现金库中提取相应的现金支付利息,并放置在"综合费用"的"利息"处。

(2)更新长期贷款。财务经理将长期贷款往现金库推一格,如果已到现金库,表示长期贷款到期,并到交易处归还贷款。

(3)申请长期贷款。财务经理持上一年报表和"贷款登记表"到交易处贷款。收到贷款后,放入现金库中,同时放一个空桶到长期贷款对应的账期处。

财务经理操作完后在运营流程表对应的方格内登记因支付利息、归还贷款减少数,以及借入长期贷款增加的现金数额。

操作完后,总经理在运营流程表对应的方格内打"√",如果没有其他现金增减情况则打"×"。

二十二、支付设备维护费

财务经理期末根据生产线支付设备维护费,每条生产线支付 1M 的维护费用,此时财务经理从现金库中取出现金放在"综合费用"的"维护费"处。

财务经理操作完后在运营流程表对应的方格内登记现金的减少数。

操作完后,总经理在运营流程表对应的方格内打"√"。

二十三、支付租金/购买厂房

年末,企业如果使用没有购买的厂房,则必须支付租金;如果不支付,则必须购买。

(1)支付租金。财务经理从现金库中取出相应的现金放置在"综合费用"的"租金"处。

(2)购买厂房。财务经理从现金库中取出相应的现金到交易处换取厂房标识。

财务经理操作完后在运营流程表对应的方格内登记现金的减少数。

操作完后,总经理在运营流程表对应的方格内打"√",如果不操作则打"×"。

二十四、计提折旧

财务经理根据规则对生产线计提折旧。折旧的规则是按生产线净值的 1/3 向下取整计算。如生产线的净值为 10，则折旧为 3；净值为 8，则折旧为 2。财务经理从生产线的"价值"处提取的折旧金额放置在"综合费用"的"折旧"处。

财务经理操作完后在运营流程表对应的方格内登记折旧金额。

操作完后，总经理在运营流程表对应的方格内打"√"。

二十五、新市场开拓/ISO 认证投资

企业如果要进行新市场开拓或 ISO 论证投资，财务经理则从现金库提取相应的现金给销售经理，放置在对应投资的项目上。如果投资已经完毕，销售经理则持投资费用到交易处换取标识。

财务经理操作完后在运营流程表对应的方格内登记现金的减少数。

销售经理进行市场开拓或 ISO 认证投资后，在运营流程表对应的方格内打"√"，如果不操作则打"×"。

二十六、编制报表结账

沙盘企业每年的经营结束后，应当编制相关会计报表，及时反映当年的财务和经营情况。沙盘企业主要编制产品核算统计表、综合费用计算表、利润表和资产负债表。一经结账，本年度的经营就结束了，本年度所有的经营数据不能随意更改。

二十七、反思与总结

经营结束后，总经理应召集团队成员对当年的经营情况进行分析，分析决策的成功与失误，分析经营的得与失，分析实际与计划的偏差及其原因等。

第四节　ERP 沙盘模拟的思考

沙盘模拟具有众多的利端，学员需多次参加 ERP 沙盘的模拟，每做一次模拟都会有重新来过的感觉，每次都会有新的收获，对企业的经营又会增加一些新的认识。

一、弥补学生在实践经验上的不足

目前大学生不缺少理论知识，只是在实践经验上有些不足。同时，各专业之间沟通

太少,导致学生整合知识的能力普遍较弱,如学管理的学生不懂资金统筹,而学会计的学生对企业管理又一知半解。因此,该门课程可以采用不同专业学生组成团队的形式,对提高学生的知识整合能力以及团队协作能力,都是有益的。另外,市场竞争瞬息万变,时刻考验着队员们的随机应变能力,使其在失败中迅速成长。

目前国内的管理课程一般都以理论加案例为主,这种体验式的教学方式应用较少,理论教学内容比较枯燥,学生很难做到深入迅速地理解和掌握,更不用说应用到实际工作中。而ERP沙盘模拟的核心价值在于通过直观的企业运转流程,模拟企业的实际运行状况,如生产、资金、物流、销售等各个环节,让学生在激烈的对抗中,体验企业经营过程,深入理解ERP理念对于企业管理的意义,使学生能从全局高度领悟企业的发展规律,更真切地体验市场竞争的环境。

二、经营过程中现金周转问题需关注

首先是广告费的大额投入,然后是生产线的投产、新产品的开发、原材料的购买等一切都离不开现金,而学生对于现金问题一开始就没有做一个充分的严格的资金预算,有些团队出于节约财务费用的考虑,在选用融资方案时,采用的是短期贷款。这个决策导致企业这6年来常常是借新债还旧债,偶尔还要通过贴现或借高利贷渡过难关。同时这个不合理的财务决策也导致企业其他经营环节受到牵连。

三、生产管理在企业经营管理中非常重要

生产主管要对产品的采购、产品品种的生产选择、设备的投资和转换计划进行管理。学生在经营过程中由于没有有效地进行生产排程,致使在前两年的经营过程中经常出现原材料采购不足、生产产品数量不能满足销售订单,导致违约的现象。对于以上现象的补救办法就是由销售员与其他队伍进行洽谈,从其他队购买短缺的产品或原材料,施行委外加工。

另外,在企业生产过程中,大多数团队没有做企业的设备投资计划,没有详细计算沙盘中所提供的4种生产线的性价比,往往图一时便宜购买半自动生产线,甚至是手工生产线,致使企业后几年的产能无法满足市场的需求。

四、企业在经营过程中寻求战略联盟也很重要

ERP沙盘模拟中共有6支队伍,每支队伍起点相同,如果各组的总经理能明确企业的总体目标(包括市场目标和产品策略),在其他队伍中寻求战略合作伙伴,在市场竞争中就会如虎添翼。例如,在广告费的开支方面进行协商,由战略伙伴去争取某个市场某种产品的足量订单,本队则争取另一市场的订单,避免不必要的竞争,同时还可以在产品及原材料方面互通有无,一致对外。再例如,某队集中力量争取订单,其合作伙伴集

中力量生产,共同盈利。

五、团队精神非常重要

　　模拟队伍中的每个成员都有相应的专业知识和专业判断,在做每个决策时,都会有一定的意见分歧,总经理则应当对众人的意见进行协调并做出最终的决策。而队伍成员应该保留自己的意见,服从总经理的决策,共同努力。模拟沙盘教学的过程中,能够最后取得成功的团队,往往是最团结的团队,也往往是分工最明确的团队。

　　ERP 沙盘模拟可以促进理论联系实际,提高学生在实践中的应变能力,激发学生的学习兴趣,将平时所学运用到实践中。

附

ERP 沙盘附表系列

1. 业务任务清单

企业经营流程表

第_____年

> 执行完毕请在相应的格子内打上"√"
>
> 财务经理(助理)在方格内填写现金收支情况

沙盘任务清单(请按以下顺序执行)	Q1				Q2				Q3				Q4			
	P1/R1	P2/R2	P3/R3	P4/R4	P1/R1	P2/R2	P3/R3	P4/R4	P1/R1	P2/R2	P3/R3	P4/R4	P1/R1	P2/R2	P3/R3	P4/R4
年度规划会议																
参加订货会																
登记销售订单																
制订年度计划																
支付应付税																
期初盘点(总经理)流动资产:现金																
更新短期贷款/还本付息/申请短期贷款(财务经理)																
更新/归还应付款(财务经理)																
原材料采购入库(采购经理)																
下原料采购订单(采购经理)																
更新生产/生产完工入库(生产经理)																

续表

沙盘任务清单（请按以下顺序执行）	Q1				Q2				Q3				Q4			
	P1/ R1	P2/ R2	P3/ R3	P4/ R4	P1/ R1	P2/ R2	P3/ R3	P4/ R4	P1/ R1	P2/ R2	P3/ R3	P4/ R4	P1/ R1	P2/ R2	P3/ R3	P4/ R4
投资新生产线/变卖生产线/生产线转产（生产经理）																
生产安排上线（投入材料、产品投产、付加工费）（生产经理）																
更新应收款/应收款收现（财务经理）																
出售厂房（生产经理）																
按订单交货出售成品（销售经理）																
产品研发投资（销售经理）																
支付行政管理费用（财务经理）																
其他现金收支（财务经理）																
支付利息/更新长期贷款/申请长期贷款																
支付设备维修费用（财务经理）																
支付租金（财务经理）																
购买厂房（财务经理）																
固定资产折旧（财务经理）																
新市场开拓/ISO 认证投资（销售经理）																
现金收入合计（总经理）																
现金支出合计（总经理）																

续表

沙盘任务清单（请按以下顺序执行）	Q1				Q2				Q3				Q4			
	P1/R1	P2/R2	P3/R3	P4/R4	P1/R1	P2/R2	P3/R3	P4/R4	P1/R1	P2/R2	P3/R3	P4/R4	P1/R1	P2/R2	P3/R3	P4/R4
期末盘点（总经理）流动资产:现金																

2. 已承接的销售订单任务

已承接的销售订单表

（金额单位:百万）

订单号	产品(P1/P2/P3/P4)	销售数量	销售金额	销售成本	销售毛利	账　期

3. 产品核算统计

产品核算统计表

（金额单位:百万）

产　品	P1	P2	P3	P4	合　计
销售数量					
销售金额					
销售成本					
毛利					

4. 综合管理费用明细表

综合管理费用明细表

（金额单位:百万）

项　目	金　额	备　注
行政管理费		
广告费		
产品研发费		P1(　) P2(　) P3(　) P4(　)

续表

项　目	金　额	备　注
ISO9000 资格认证		
ISO14000 资格认证		
设备维修费		
租金		
转产费		
其他费用		
合 计		

5. 资产负债

资产负债表

（金额单位：百万）

资　产	期初数	期末数	负债和所有者权益	期初数	期末数
流动资产：			负债：		
现金			长期贷款		
应收款			短期贷款		
在制品			其他贷款		
成品			应付账款		
原料			应交税金		
流动资产合计			负债合计		
固定资产：			所有者权益：		
土地和厂房建筑			股东资本		
生产线设备			未分配利润		
在建工程			年度净利润		
固定资产合计			所有者权益合计		
资产总计			负债和所有者权益总计		

6. 利润

利润表

（金额单位：百万）

项 目	上年数	本年数
销售收入		
直接成本		
毛利		
管理费用		
折旧前利润		
折旧		
利息		
税前利润		
所得税		
税后净利润		

7. 现金预算

现金预算表

（金额单位：百万）

序 号	项 目	Q1	Q2	Q3	Q4
1	期初库存现金 A				
2	支付上年应交税金				
3	广告费				
4	产品研发费用				
5	支付短期贷款利息				
6	支付到期贷款本金				
7	支付原材料采购费用				
8	支付生产线投资				
9	支付转产费用				
11	支付产品加工费				
12	收到现金前的所有支出合计 $B = \sum (1, \cdots, n)$				
13	应收账款到期 C				
14	支付管理费用				
15	支付长期贷款利息				

续表

序　号	项　目	Q1	Q2	Q3	Q4
16	支付偿还长期贷款				
17	支付设备维修费用				
18	支付租金				
19	支付购买厂房款				
20	ISO 认证费用				
21	现金剩余或不足 $A-B+C-\sum(1,\cdots,n)$				
22	向银行贷款(短期)				
23	贴现收到现金				
24	期末现金余额				

注:当期的期初现金＝上期的期末现金。

第四章 经营版企业模拟运营

第一节 企业运营规则

一、课程分组

课程共分 6 个组，每组 5～10 人，分工分别为总裁(CEO)、财务总监(CFO)、生产总监、营销总监、采购总监。

二、企业运营流程

企业运营流程须按照手册的流程严格执行。CEO 按照任务清单中指示的顺序发布执行指令。每项任务完成后，CEO 须在任务后对应的方格内打钩，并操作相应的步骤，由 CFO 在任务后对应的方格内填写现金收支情况。

在运行过程中，表 4-1 所列操作可以随时进行。

表 4-1 随时可进行的操作

任务名称	操作
贴现	1. 中断正常操作任务； 2. 企业在"应收账款登记表"中登记相关项目； 3. 执行贴现操作
账期为 0Q 的销售订单交货	1. 中断当前操作任务； 2. 按照销售订单的产品种类和数量交货； 3. 领取现金； 4. 将收到的现金数额记入当季度的应收账款到期

三、市场开发

每个市场开发每年最多投入 1M，允许中断或终止，不允许超前投资。投资时，将 1M 投入"市场准入"的位置处，并将投资额记录到"市场开发登记表"中。投资完成后，就可以拿着市场投资额换取市场准入证，并将准入证放在盘面的相应位置处。只有拿到准入证，才能参加相应市场的订货会。

市场开发按照表 4-2 所列规定进行。

表 4-2　市场研发规定

市　　场	每年投资额	投资周期	全部投资总额	操　　作
本地	无			直接获得准入证
区域	1M	1 年	1M	1. 将投资放在准入证的位置处； 2. 当完成全部投资时，就可获得相应的市场准入证
国内	1M	2 年	2M	
亚洲	1M	3 年	3M	
国际	1M	4 年	4M	

四、产品研发和生产

(一)产品研发

要想生产某种产品，先要获得该产品的生产许可证；而要获得生产许可证，则必须经过产品研发。P1 产品已经有生产许可证，可以在本地市场进行销售。P2、P3、P4 产品都需要研发至少 6Q，才能获得生产许可。研发需要分期投入研发费用。产品研发可以中断或终止，但不允许超前或集中投入。已投资的研发费不能回收，研发过程中不能生产。

投资规则见表 4-3。

表 4-3　产品研发投资规则

产　　品	每季度投资金额	最小投资周期	操作说明
P2	1M	6Q	1. 每季度按照投资额将现金放在产品研发位置，并填写"产品研发登记表"；
P3	2M	6Q	2. 投资完成后，就可以换取生产许可证；
P4	3M	6Q	3. 只有在获得生产许可证后，才能开工生产该产品

(二)产品原材料、加工费、成本

产品原材料、加工费、成本情况见表 4-4。

表 4-4 产品原材料、加工费、成本情况

产品	原材料	原料价值	加工费（手工/半自动/自动/柔性）	直接成本
P1	R1	1M	1M	2M
P2	R1+R2	2M	1M	3M
P3	2×R2+R3	3M	1M	4M
P4	R2+R3+2×R4	4M	1M	5M

（三）原材料采购

采购原材料需经过下原料订单和采购入库两个步骤，这两个步骤之间的时间差称为订单提前期。各种原材料提前期见表 4-5。

表 4-5 各种原材料提前期

原材料	订单提前期
R1(红色)	1Q
R2(橙色)	1Q
R3(蓝色)	2Q
R4(绿色)	2Q

原材料采购规则：

（1）没有下订单的原材料不能采购入库。

（2）所有下订单的原材料到期必须采购入库。

（3）原材料采购时必须支付现金。

（4）所有原材料只能到供应商处购买，公司之间不能进行原材料交易。

五、ISO 认证

ISO 认证需分期投资开发，每年一次，每次 1M，可以中断投资，但不允许集中或超前投资。ISO 认证情况见表 4-6。

表 4-6 ISO 认证情况

ISO 类型	每年投资金额	最小投资周期	操作说明
ISO9000	1M	2 年	1. 每年将投资额放在 ISO 研发位置，并填写"ISO 认证登记表"； 2. 投资完成后，就可以换取相应的 ISO 证书，有机会获得 ISO 要求的订单；
ISO14000	1M	3 年	3. 只有在获得 ISO 资格证后，才能在市场中投入 ISO 广告

六、生产线安装、购买、折旧、转产、维护、出售

生产线安装、购买、折旧、转产、维护、出售情况见表4-7。

表 4-7　生产线安装、购买、折旧、转产、维护、出售情况

生产线	购置费	安装周期	生产周期	转产费	转产周期	维修费	出售价
手工线	5M	无	3Q	无	无	1M/年	1M
半自动	8M	2Q	2Q	1M	1Q	1M/年	2M
自动线	16M	4Q	1Q	4M	2Q	1M/年	4M
柔性线	24M	4Q	1Q	无	无	1M/年	6M

（一）购买生产线

购买生产线须按照该生产线安装周期分期投资并安装，如自动线安装操作可按表4-8所列进行。

表 4-8　自动线安装操作

操　作	投资额	安装完成
1Q	4M	启动 1 期安装
2Q	4M	完成 1 期安装,启动 2 期安装
3Q	4M	完成 2 期安装,启动 3 期安装
4Q	4M	完成 3 期安装,启动 4 期安装
5Q		完成 4 期安装,生产线建成

投资生产线的支付不一定需要连续，可以在投资过程中中断投资，也可以在中断投资之后的任何季度继续投资，但必须按照表4-8所列的投资原则进行操作。

一条生产线待最后一期投资到位后，必须到下一季度才算安装完成，允许投入使用；生产线安装完成后，必须将投资额放在设备价值处，以证明生产线安装完成；企业间不允许相互购买生产线，只允许向设备供应商购买；生产线不允许在厂房之间移动。

（二）生产线维护

1. 必须交纳维护费的情况

生产线安装完成，不论是否开工生产，都必须在当年交纳维护费；正在进行转产的生产线，也必须交纳维护费。

2. 免交维护费的情况

凡已出售和正在建设的生产线不交纳维护费。

（三）生产线折旧

每条生产线单独计提折旧，每次按生产线净值(不减残值)的 1/3 取整提取折旧，少

于 3M 时每次折旧 1M，直到提完为止。当年新建成的生产线不提折旧；对已全部提完折旧的设备，仍可继续使用。

（四）生产线变卖

生产线变卖时，将变卖的生产线按出售价从设备净值取出等量的资金放入现金区，多余的部分放入其他费用，并将生产线交还给供应商即可完成变卖。如果生产线净值为零，则直接取消该生产线即可，不需要转移任何价值；如果设备净值低于该生产线的出售价，则将全部净值转入现金即可。有在制品的生产线不允许出售。

七、企业融资

企业间不允许私自融资，在经营期间，只允许向银行贷款。银行贷款的品种见表 4-9。

表 4-9　银行贷款品种

类　型	额　度	利　息	归还方式
长期贷款	上一年权益的两倍(基本贷款单位20M)	10%/年	每年支付利息，到期还本
短期贷款	上一年权益的两倍(基本贷款单位20M)	5%/年	利随本清
高利贷	20M	20%/年	利随本清

（一）长期和短期贷款信用额度

长、短期贷款信用额度各自为上年权益总计的两倍，并都必须按 20 的倍数申请。如果权益为 11～19，也只能按 10 的两倍申请短期贷款；如果上年权益低于 10M，将不能获得长、短期贷款。

（二）贷款规则

(1)长期贷款每年必须归还利息，到期还本，本利双清后，如果还有额度，才允许重新申请贷款。即：如果有贷款需要归还，同时还拥有贷款额度时，必须先归还到期的贷款，才能申请新贷款。不能以新贷还旧贷，短期贷款也按本规定执行。

(2)结束年时，不要求归还没有到期的各类贷款。

(3)长期贷款最多可贷 5 年。

(4)借入各类贷款期时，需要财务总监填写"贷款记录表"，记录上一年权益、已贷款额度、需要贷款额度。

(5)高利贷和短期贷款的贷款周期必须为 4Q。

（三）高利贷规则

高利贷的额度为 20M，即各公司的盘面上最多只能有 20M 的高利贷。高利贷按照短期贷款规则处理，只能在短期贷款申请时间内申请或归还。凡借入高利贷的企业均按 3 分/次扣减总分。

（四）贴现规则

不论哪个账期的应收款,均按照 6:1 的比例进行贴现,即从应收账款中取 7M,6M 进现金,1M 放入贴现费用(最多只能贴 7 的倍数)。只要有应收账款,可以随时贴现。

八、运行记录及违规扣分

所有参与队员均有一本运行手册,每人必须同步顺序记录运行任务,即当执行完规定的任务后,每人都要在任务清单完成框中打钩;当到交易处进行贷款、采购原材料、交货、应收款兑现等业务时,必须携带运行手册和相关的登记表;在运行过程中,必须填制管理所需的各种表格。

（一）借、还贷款记录

由财务总监填写"贷款登记表",到期领取或归还贷款并支付相应的利息。

（二）原材料订单和采购入库记录

原材料订单和采购入库必须填写"采购订单登记表",当每季度采购入库时,需按照采购订单将原材料采购入库,并支付相应的资金和预备下一期采购订单。

（三）交货记录

交货时按照订单上要求的产品种类、数量交货,并收取应收账款。收到的应收账款放在企业盘面上应收款的相应账期处,并在"应收款登记表"上进行应收账款登记。

（四）应收兑现记录

当应收款到期时,在"应收账款登记表"的到期季度填写"到款"数,并更新原应收账款数。

（五）产品、市场开发、ISO 认证记录

每年年末需填写"产品开发登记表""市场开发登记表""ISO 认证登记表",对本年度的投资进行记录。

（六）生产状态记录

企业运行期间,每季度末需要对本季度生产和设备状态进行记录。生产总监必须如实填写"生产及设备状态记录表",为年末结账提供准确的数据。

（七）现金收支记录

在运行手册的任务清单中,每一任务完成,记录框右侧都有一记录数据的位置,这个位置就是用来记录现金收支数据的。

（八）上报报表

每年运行结束后,各公司需要在规定时间内上交 3 张报表,这 3 张报表分别是"综合费用明细表""利润表""资产负债表",供老师核对。

（九）违规及扣分

运行最终是以所有者权益为判别优胜标准。在企业运行过程中,对于不能按照规则运行的企业和不能按时完成运行的企业,在最终总分核算中给予减分的处罚。

1. 运行超时扣分

运行超时是指不能按时提交报表的情况。处罚:按每超时 1 分钟(含 1 分钟内),罚分 1 分计算,最多不能超过 15 分钟。如果到 15 分钟后还不能提交报表,按自动退出处理。

上报的报表必须是账实相符的报表,如果发现上交的报表有明显错误(如销售统计与利润表不符、资产负债表不平等),退回重新更正并罚 5 分。

2. 违规扣分

在运行过程中,企业有颠倒任务执行顺序运行、不如实填写管理表单的情况,一经核实按 5 分/次的罚分,并在最后的总分中扣除。

九、市场订单

(一)市场预测

市场预测是各公司以信任的客户需求数据,根据市场的预测安排经营。

(二)广告费

投入广告费有两个作用,一是获得拿单的机会,二是判断选单顺序。

投入 1M 广告费,可以获得一次拿单的机会,一次机会允许取得一张订单;如果要获得更多的拿单机会,每增加一个机会需要投入 2M 广告,如投入 5M 广告表示有 3 次获得订单的机会,最多可以获得 3 张订单。

如果要获取有 ISO 要求的订单,首先要开发完成 ISO 认证,然后在每次投入广告时,要在 ISO9000 和 ISO14000 的位置上分别投放 1M 的广告,或只选择 ISO9000 或 ISO14000,这样就有资格在该市场的任何产品中,取得标有 ISO9000 或 ISO14000 的订单(前提是具有获得产品的机会),否则无法获得有 ISO 规定的订单。

(三)选单流程

(1)各公司将广告费按市场、产品填写在广告表单中。

(2)确定所有公司对订单的需求量。

(3)根据需求量发出可供选择的订单,发出订单的数量依据以下原则:

①如果某个产品,各公司的总需求量(根据广告费计算)大于市场上该产品的总订单数,则发出该产品的全部订单,供各公司选择。比如,各公司需要 8 张订单(根据广告费计算),市场上有 7 张订单,则可供选择的订单为 7 张。

②如果某个产品,各公司的总需求量小于市场上该产品的订单总数且有大于一家的公司投放了该产品的广告(非独家需求),则按照订单的总需求量(所有公司对订单的需求总和)发出订单,供有需求的公司选择。

③如果某个产品,只有一家公司投放了广告,即为独家需求,则发放全部订单供该公司选择。

（4）排定选单顺序。选单顺序依据以下顺序原则确定：

①市场老大优先，即上年该市场所有产品订单销售额第一，且完成所有订单的公司，本年度在该市场的任何产品上可以优先选单（前提是在产品上投放了广告费）。

②按照在某一产品上投放广告费用的多少，排定选单顺序。

③如果在一个产品上投入的广告费相同，则按照本次市场的总投入量（所有产品上投入广告的合计加上 ISO9000 和 ISO14000 的广告投入），排定选单顺序。

④如果该市场广告总投入量一样，则按照上年的市场销售排名（上年该市场所有产品的销售总和）排定选单顺序。

⑤如果上年市场销售排名一样（包括新进入的市场），则按需要竞标，即把某一订单的销售价、账期去掉，按竞标单位所出的销售价和账期（按出价低、账期长的顺序）决定获得该订单的公司。

（5）按选单顺序分轮次进行选单，有资格的公司在各轮中只能选择一张订单。当第一轮选单完成后，如果还有剩余的订单，还有机会的公司可以按选单顺序进入下一轮选单。

（四）订　单

订单类型、交货要求及取得订单的资格列于表 4-10 中。

表 4-10　订单类型、交货要求及取得订单的资格

订单类型	交货时间	获得订单资格要求
普通订单	本年度任何法定的交货时间（4 个季度中规定的交货时间）	
加急订单	本年度第一个法定交货日（第一季度中规定的交货时间）	
ISO9000 订单	本年度任何法定的交货时间（4 个季度中规定的交货时间）	具有 ISO9000 证书，且本年度在该市场投入 1M ISO9000 广告费
ISO14000 订单	本年度任何法定的交货时间（4 个季度中规定的交货时间）	具有 ISO14000 证书，且本年度在该市场投入 1M ISO14000 广告费

（五）市场放弃原则

当第一次进入市场后，企业以后年份要保持该市场的准入，每年最少在该市场的任意产品广告处投放 1M 广告。如果违反此规定，视为自动退出该市场，取消该市场的准入（收回市场准入证）。如果还想进入该市场，需要重新投资开发。特别注意的是，如果退出本地市场，则永远不能进入本地市场。

（六）关于违约问题

除特殊订单外，所有订单要求在本年度内完成（按订单上的产品数量交货）。如果订单没有完成，按下列条款加以处罚：

（1）下一年市场地位下降一级（如果是市场第一的，则该市场老大空缺，所有公司均

没有优先选单的资格)。

(2)违约订单可在下一年的任何一个规定的交货时间(4个季度中规定的交货时间)交货,但下一年必须先交上违约的订单后,才允许交下一年各市场的正常订单。

(3)交货时扣除订单销售总额25%(销售总额/4取整)的违约金,如订单总额为20M,交货时只能获得15M的货款,违约订单的实际收入计入交货年份。

(4)对于加急订单的违约,除下一年市场地位下降一级外,违约订单必须在本年度其余3个规定的交货日中交货,且必须先交该加急订单后,才能交本年度其他订单(包括其他市场的订单)。交单时,扣除违约订单销售总额的25%(销售总额/4取整),实际收入计入当年的销售收入。

十、运营评比

破产规定:当所有者权益小于零(资不抵债)时,或当企业到还款日(4个季度中规定的短期贷款还款期或每年年末的长期贷款还款期),企业没有能力归还银行贷款时,均视为破产。破产后,企业可以选择继续运行下去,但不能参加最后的运营评比。

运营结果以各组的最后权益减罚分进行综合评分,分数高者为优胜。但在综合得分项目中,以下情况是不能得分的:

(1)企业购入的生产线,只要没有生产出一个产品,就不能获得加分。

(2)结束年中没有完成订单的企业,取消所有市场老大的资格,不能获得市场第一的加分。

(3)已经获得各项资格证书的市场、ISO、产品才能获得加分,正在开发但没有完成的,不能获得加分。

(4)各年报表必须在规定的时间内上报,如果超时上报,按照每超时1分钟记扣最终总分1分的处罚,超时不得超过15分钟,超过15分钟不能上交报表者,取消资格。

(5)对于各年上报的不正确报表,一经确定,扣除总分5分。

第二节 企业经营过程记录表

企业经营过程记录表见表4-11至表4-70。

表4-11 教学年

企业运营流程 请按顺序执行下列各项操作	每执行完一步操作,总经理请在相应的方格内打钩。 会计主管在方格内填写现金收支情况。			
新年度规划会议				

续表

企业运营流程 请按顺序执行下列各项操作	每执行完一步操作,总经理请在相应的方格内打钩。 会计主管在方格内填写现金收支情况。			
制订新年度计划				
支付应付税				
更新短期贷款/还本付息/申请短期贷款(高利贷)				
更新应付款/归还应付款				
原材料入库/更新原料订单				
下原料订单				
更新生产/完工入库				
投资新生产线/变卖生产线/生产线转产				
向其他企业购买原材料/出售原材料				
开始下一批生产				
更新应收款/应收款收现				
出售厂房				
向其他企业购买成品/出售成品				
按订单交货				
产品研发投资				
支付行政管理费				
其他现金收支情况登记				
支付利息/更新长期贷款/申请长期贷款				
支付设备维护费				
支付租金/购买厂房				
计提折旧				( )
新市场开拓/ISO资格认证投资				
信息化建设投资				
支付违约订单罚金				
结账				
现金收入合计				
现金支出合计				
期末现金对账(请填余额)				

表 4-12　订单登记

订单号								合　计
市场								
产品								
数量								
账期								
销售额								
成本								
毛利								
罚款								

表 4-13　产品核算登记

项　目	P1	P2	P3	P4	合　计
数量					
销售额					
成本					
毛利					

表 4-14　综合费用明细

项　目	金　额	备　注
管理费		
广告费		
维修费		
租金		
转产费		
未交货罚款		
信息建设投资		自动报表(　)MRP&ATP(　)全面预算(　)
ISO 资格认证		□区域　　□国内　　□亚洲　　□国际
产品研发		P2(　　)　　P3(　　)　　P4(　　)
其他		

表 4-15　利润

项　目	上年数	本年数
销售收入	35	
直接成本	12	
毛利	23	
综合费用	11	
折旧前利润	12	
折旧	4	
支付利息前利润	8	
财务收入/支出	4	
其他收入/支出		
税前利润	4	
所得税	1	
净利润	3	

表 4-16　资产负债

资　产	期初数	期末数	负债和所有者权益	期初数	期末数
流动资产：			负债：		
现金	20		长期负债	40	
应收款	15		短期负债		
在制品	8		应付账款		
成品	6		应交税金	1	
原料	3				
流动资产合计	52		负债合计	41	
固定资产：			所有者权益：		
土地和厂房建筑	40		股东资本	50	
生产线设备	13		利润留存	11	
在建工程			年度净利	3	
固定资产合计	53		所有者权益合计	64	
资产总计	105		负债和所有者权益总计	105	

表 4-17 第一年

企业运营流程 请按顺序执行下列各项操作	每执行完一步操作,总经理请在相应的方格内打钩。 会计主管在方格内填写现金收支情况。			
新年度规划会议				
制订新年度计划				
支付应付税				
更新短期贷款/还本付息/申请短期贷款(高利贷)				
更新应付款/归还应付款				
原材料入库/更新原料订单				
下原料订单				
更新生产/完工入库				
投资新生产线/变卖生产线/生产线转产				
向其他企业购买原材料/出售原材料				
开始下一批生产				
更新应收款/应收款收现				
出售厂房				
向其他企业购买成品/出售成品				
按订单交货				
产品研发投资				
支付行政管理费				
其他现金收支情况登记				
支付利息/更新长期贷款/申请长期贷款				
支付设备维护费				
支付租金/购买厂房				
计提折旧				( )
新市场开拓/ISO 资格认证投资				
信息化建设投资				
支付违约订单罚金				
结账				
现金收入合计				
现金支出合计				
期末现金对账(请填余额)				

表 4-18　现金预算

项　　目	1	2	3	4
期初库存现金				
支付上年应交税				
市场广告投入				
贴现费用				
支付短期贷款利息				
支付到期短期贷款				
原料采购支付现金				
转产费用				
生产线投资				
支付加工费				
产品研发投资				
收到现金前的所有支出				
应收款到期				
支付管理费用				
支付长期贷款利息				
支付到期长期贷款				
设备维护费用				
租金				
购买新建筑				
市场开拓投资				
ISO 认证投资				
支付违约订单罚金				
其他				
库存现金余额				

表 4-19　要点记录

第一季度：

第二季度：

第三季度：

第四季度：

表 4-20 订单登记表

订单号								合　计
市　场								
产　品								
数　量								
账　期								
销售额								
成　本								
毛　利								
罚　款								

表 4-21 产品核算登记

项　目	P1	P2	P3	P4	合　计
数　量					
销售额					
成　本					
毛　利					

表 4-22 综合费用明细

项　目	金　额	备　注
管理费		
广告费		
维修费		
租金		
转产费		
未交货罚款		
信息建设投资		自动报表（　）MRP&.ATP（　）全面预算（　）
ISO 资格认证		□区域　　□国内　　□亚洲　　□国际
产品研发		P2（　）　　P3（　）　　P4（　）
其他		

表 4-23 利润

项　　目	上年数	本年数
销售收入		
直接成本		
毛利		
综合费用		
折旧前利润		
折旧		
支付利息前利润		
财务收入/支出		
其他收入/支出		
税前利润		
所得税		
净利润		

表 4-24 资产负债

资　　产	期初数	期末数	负债和所有者权益	期初数	期末数
流动资产:			负债:		
现金			长期负债		
应收款			短期负债		
在制品			应付账款		
成品			应交税金		
原料					
流动资产合计			负债合计		
固定资产:			所有者权益:		
土地和厂房建筑			股东资本		
生产线设备			利润留存		
在建工程			年度净利		
固定资产合计			所有者权益合计		
资产总计			负债和所有者权益总计		

表 4-25　第一年总结

这是你们自主当家的第一年,感觉如何? 是不是一个有收益的年度? 你们的战略执行得怎样? 将你的感想记录下来和你的团队分享

学会什么,记录知识点:

企业经营遇到哪些问题?

下一年准备如何改进?

表 4-26　第二年

企业运营流程 请按顺序执行下列各项操作	每执行完一步操作,总经理请在相应的方格内打钩。 会计主管在方格内填写现金收支情况。			
新年度规划会议				
制订新年度计划				
支付应付税				
更新短期贷款/还本付息/申请短期贷款(高利贷)				
更新应付款/归还应付款				
原材料入库/更新原料订单				
下原料订单				

企业运营流程 请按顺序执行下列各项操作	每执行完一步操作,总经理请在相应的方格内打钩。 会计主管在方格内填写现金收支情况。			
更新生产/完工入库				
投资新生产线/变卖生产线/生产线转产				
向其他企业购买原材料/出售原材料				
开始下一批生产				
更新应收款/应收款收现				
出售厂房				
向其他企业购买成品/出售成品				
按订单交货				
产品研发投资				
支付行政管理费				
其他现金收支情况登记				
支付利息/更新长期贷款/申请长期贷款				
支付设备维护费				
支付租金/购买厂房				
计提折旧				( )
新市场开拓/ISO资格认证投资				
信息化建设投资				
支付违约订单罚金				
结账				
现金收入合计				
现金支出合计				
期末现金对账(请填余额)				

表 4-27　现金预算

项　目	1	2	3	4
期初库存现金				
支付上年应交税				

续表

项　目	1	2	3	4
市场广告投入				
贴现费用				
支付短期贷款利息				
支付到期短期贷款				
原料采购支付现金				
转产费用				
生产线投资				
支付加工费				
产品研发投资				
收到现金前的所有支出				
应收款到期				
支付管理费用				
支付长期贷款利息				
支付到期长期贷款				
设备维护费用				
租金				
购买新建筑				
市场开拓投资				
ISO 认证投资				
支付违约订单罚金				
其他				
库存现金余额				

表 4-28　要点记录

第一季度：	
第二季度：	
第三季度：	
第四季度：	

表 4-29　订单登记

订单号								合　计
市场								
产品								

续表

订单号									合 计
数量									
账期									
销售额									
成本									
毛利									
罚款									

表 4-30　产品核算登记

项 目	P1	P2	P3	P4	合 计
数量					
销售额					
成本					
毛利					

表 4-31　综合费用明细

项 目	金 额	备 注
管理费		
广告费		
维修费		
租金		
转产费		
未交货罚款		
信息建设投资		自动报表（ ）MRP&ATP（ ）全面预算（ ）
ISO 资格认证		□区域　　□国内　　□亚洲　　□国际
产品研发		P2（ ）　　P3（ ）　　P4（ ）
其他		

表 4-32　利润

项 目	上年数	本年数
销售收入		
直接成本		

续表

项　目	上年数	本年数
毛利		
综合费用		
折旧前利润		
折旧		
支付利息前利润		
财务收入/支出		
其他收入/支出		
税前利润		
所得税		
净利润		

表 4-33　资产负债

资　产	期初数	期末数	负债和所有者权益	期初数	期末数
流动资产：			**负债：**		
现金			长期负债		
应收款			短期负债		
在制品			应付账款		
成品			应交税金		
原料					
流动资产合计			负债合计		
固定资产：			**所有者权益：**		
土地和厂房建筑			股东资本		
生产线设备			利润留存		
在建工程			年度净利		
固定资产合计			所有者权益合计		
资产总计			负债和所有者权益总计		

表 4-34 第二年总结

现在已经是第二年了,你肯定获得了很多不同于第一年的感受,渐渐从感性走向理性。将你的反响
记录下来和你的团队分享

学会什么,记录知识点:

企业经营遇到哪些问题?

下一年准备如何改进?

表 4-35 第三年

企业运营流程 请按顺序执行下列各项操作	每执行完一步操作,总经理请在相应的方格内打钩。 会计主管在方格内填写现金收支情况。			
新年度规划会议				
制订新年度计划				
支付应付税				
更新短期贷款/还本付息/申请短期贷款(高利贷)				
更新应付款/归还应付款				

续表

企业运营流程 请按顺序执行下列各项操作	每执行完一步操作,总经理请在相应的方格内打钩。 会计主管在方格内填写现金收支情况。			
原材料入库/更新原料订单				
下原料订单				
更新生产/完工入库				
投资新生产线/变卖生产线/生产线转产				
向其他企业购买原材料/出售原材料				
开始下一批生产				
更新应收款/应收款收现				
出售厂房				
向其他企业购买成品/出售成品				
按订单交货				
产品研发投资				
支付行政管理费				
其他现金收支情况登记				
支付利息/更新长期贷款/申请长期贷款				
支付设备维护费				
支付租金/购买厂房				
计提折旧				( )
新市场开拓/ISO 资格认证投资				
信息化建设投资				
支付违约订单罚金				
结账				
现金收入合计				
现金支出合计				
期末现金对账(请填余额)				

表 4-36 现金预算

项　目	1	2	3	4
期初库存现金				
支付上年应交税				
市场广告投入				
贴现费用				
支付短期贷款利息				
支付到期短期贷款				
原料采购支付现金				
转产费用				
生产线投资				
支付加工费				
产品研发投资				
收到现金前的所有支出				
应收款到期				
支付管理费用				
支付长期贷款利息				
支付到期长期贷款				
设备维护费用				
租金				
购买新建筑				
市场开拓投资				
ISO 认证投资				
支付违约订单罚金				
其他				
库存现金余额				

表 4-37 要点记录

第一季度：
第二季度：
第三季度：
第四季度：

表 4-38 订单登记

订单号									合 计
市场									
产品									
数量									
账期									
销售额									
成本									
毛利									
罚款									

表 4-39 产品核算登记

项 目	P1	P2	P3	P4	合 计
数量					
销售额					
成本					
毛利					

表 4-40 综合费用明细

项 目	金 额	备 注
管理费		
广告费		
维修费		
租金		
转产费		
未交货罚款		
信息建设投资		自动报表( )MRP&ATP( )全面预算( )
ISO 资格认证		□区域 □国内 □亚洲 □国际
产品研发		P2( ) P3( ) P4( )
其他		

表 4-41　利润

项　目	上年数	本年数
销售收入		
直接成本		
毛利		
综合费用		
折旧前利润		
折旧		
支付利息前利润		
财务收入/支出		
其他收入/支出		
税前利润		
所得税		
净利润		

表 4-42　资产负债

资　产	期初数	期末数	负债和所有者权益	期初数	期末数
流动资产：			**负债：**		
现金			长期负债		
应收款			短期负债		
在制品			应付账款		
成品			应交税金		
原料					
流动资产合计			负债合计		
固定资产：			**所有者权益：**		
土地和厂房建筑			股东资本		
生产线设备			利润留存		
在建工程			年度净利		
固定资产合计			所有者权益合计		
资产总计			负债和所有者权益总计		

表 4-43　第三年总结

3年的时间是一个很长的跨度,回头审视你们的战略是否成功? 对产品和市场做一次精确的分析,
有助于发现你们的利润在哪里

学会什么,记录知识点:

企业经营遇到哪些问题?

下一年准备如何改进?

表 4-44　第四年

企业运营流程 请按顺序执行下列各项操作	每执行完一步操作,总经理请在相应的方格内打钩。 会计主管在方格内填写现金收支情况。			
新年度规划会议				
制订新年度计划				
支付应付税				
更新短期贷款/还本付息/申请短期贷款(高利贷)				
更新应付款/归还应付款				

续表

企业运营流程 请按顺序执行下列各项操作	每执行完一步操作,总经理请在相应的方格内打钩。 会计主管在方格内填写现金收支情况。			
原材料入库/更新原料订单				
下原料订单				
更新生产/完工入库	.			
投资新生产线/变卖生产线/生产线转产				
向其他企业购买原材料/出售原材料				
开始下一批生产				
更新应收款/应收款收现				
出售厂房				
向其他企业购买成品/出售成品				
按订单交货				
产品研发投资				
支付行政管理费				
其他现金收支情况登记				
支付利息/更新长期贷款/申请长期贷款				
支付设备维护费				
支付租金/购买厂房				
计提折旧				( )
新市场开拓/ISO资格认证投资				
信息化建设投资				
支付违约订单罚金				
结账				
现金收入合计				
现金支出合计				
期末现金对账(请填余额)				

表 4-45 现金预算

项 目	1	2	3	4
期初库存现金				
支付上年应交税				
市场广告投入				

续表

项 目	1	2	3	4
贴现费用				
支付短期贷款利息				
支付到期短期贷款				
原料采购支付现金				
转产费用				
生产线投资				
支付加工费				
产品研发投资				
收到现金前的所有支出				
应收款到期				
支付管理费用				
支付长期贷款利息				
支付到期长期贷款				
设备维护费用				
租金				
购买新建筑				
市场开拓投资				
ISO 认证投资				
支付违约订单罚金				
其他				
库存现金余额				

表 4-46　要点记录

第一季度：
第二季度：
第三季度：
第四季度：

表 4-47　订单登记

订单号								合　计
市场								

续表

订单号										合　计
产品										
数量										
账期										
销售额										
成本										
毛利										
罚款										

表 4-48　产品核算登记

项　目	P1	P2	P3	P4	合　计
数量					
销售额					
成本					
毛利					

表 4-49　综合费用明细

项　目	金　额	备　注
管理费		
广告费		
维修费		
租金		
转产费		
未交货罚款		
信息建设投资		自动报表(　)MRP&ATP(　)全面预算(　)
ISO 资格认证		□区域　　□国内　　□亚洲　　□国际
产品研发		P2(　　)　　P3(　　)　　P4(　　)
其他		

表 4-50 利润

项　目	上年数	本年数
销售收入		
直接成本		
毛利		
综合费用		
折旧前利润		
折旧		
支付利息前利润		
财务收入/支出		
其他收入/支出		
税前利润		
所得税		
净利润		

表 4-51 资产负债

资　产	期初数	期末数	负债和所有者权益	期初数	期末数
流动资产：			负债：		
现金			长期负债		
应收款			短期负债		
在制品			应付账款		
成品			应交税金		
原料					
流动资产合计			负债合计		
固定资产：			所有者权益：		
土地和厂房建筑			股东资本		
生产线设备			利润留存		
在建工程			年度净利		
固定资产合计			所有者权益合计		
资产总计			负债和所有者权益总计		

表 4-52 第四年总结

又一个新的 3 年开始了,3 年的管理经验已使你今非昔比,如有效利用资源、扩大市场份额、提升利润是管理者必须关注的

学会什么,记录知识点:

企业经营遇到哪些问题?

下一年准备如何改进?

表 4-53 第五年

企业运营流程 请按顺序执行下列各项操作	每执行完一步操作,总经理请在相应的方格内打钩。 会计主管在方格内填写现金收支情况。			
新年度规划会议				
制订新年度计划				
支付应付税				
更新短期贷款/还本付息/申请短期贷款(高利贷)				
更新应付款/归还应付款				

续表

企业运营流程 请按顺序执行下列各项操作	每执行完一步操作,总经理请在相应的方格内打钩。会计主管在方格内填写现金收支情况。				
原材料入库/更新原料订单					
下原料订单					
更新生产/完工入库					
投资新生产线/变卖生产线/生产线转产					
向其他企业购买原材料/出售原材料					
开始下一批生产					
更新应收款/应收款收现					
出售厂房					
向其他企业购买成品/出售成品					
按订单交货					
产品研发投资					
支付行政管理费					
其他现金收支情况登记					
支付利息/更新长期贷款/申请长期贷款					
支付设备维护费					
支付租金/购买厂房					
计提折旧					( )
新市场开拓/ISO资格认证投资					
信息化建设投资					
支付违约订单罚金					
结账					
现金收入合计					
现金支出合计					
期末现金对账(请填余额)					

表 4-54 现金预算

项 目	1	2	3	4
期初库存现金				
支付上年应交税				
市场广告投入				

续表

项 目	1	2	3	4
贴现费用				
支付短期贷款利息				
支付到期短期贷款				
原料采购支付现金				
转产费用				
生产线投资				
支付加工费				
产品研发投资				
收到现金前的所有支出				
应收款到期				
支付管理费用				
支付长期贷款利息				
支付到期长期贷款				
设备维护费用				
租金				
购买新建筑				
市场开拓投资				
ISO 认证投资				
支付违约订单罚金				
其他				
库存现金余额				

表 4-55 要点记录

第一季度：

第二季度：

第三季度：

第四季度：

表 4-56 订单登记

订单号								合 计
市场								
产品								

续表

订单号								合　计
数量								
账期								
销售额								
成本								
毛利								
罚款								

表 4-57　产品核算登记

项　目	P1	P2	P3	P4	合　计
数量					
销售额					
成本					
毛利					

表 4-58　综合费用明细

项　目	金　额	备　注
管理费		
广告费		
维修费		
租金		
转产费		
未交货罚款		
信息建设投资		自动报表（　）MRP&ATP（　）全面预算（　）
ISO 资格认证		□区域　　□国内　　□亚洲　　□国际
产品研发		P2（　）　　P3（　）　　P4（　）
其他		

表 4-59　利润

项　目	上 年 数	本 年 数
销售收入		
直接成本		

项　目	上年数	本年数
毛利		
综合费用		
折旧前利润		
折旧		
支付利息前利润		
财务收入/支出		
其他收入/支出		
税前利润		
所得税		
净利润		

表 4-60　资产负债

资　产	期初数	期末数	负债和所有者权益	期初数	期末数
流动资产：			负债：		
现金			长期负债		
应收款			短期负债		
在制品			应付账款		
成品			应交税金		
原料					
流动资产合计			负债合计		
固定资产：			所有者权益：		
土地和厂房建筑			股东资本		
生产线设备			利润留存		
在建工程			年度净利		
固定资产合计			所有者权益合计		
资产总计			负债和所有者权益总计		

表 4-61　第五年总结

管理是科学,管理更是艺术。你已经走过了五年,一定有很深刻的体会,那就一吐为快吧
学会什么,记录知识点:
企业经营遇到哪些问题?
下一年准备如何改进?

表 4-62　第六年

企业运营流程 请按顺序执行下列各项操作	每执行完一步操作,总经理请在相应的方格内打钩。 会计主管在方格内填写现金收支情况。			
新年度规划会议				
制订新年度计划				
支付应付税				
更新短期贷款/还本付息/申请短期贷款(高利贷)				
更新应付款/归还应付款				
原材料入库/更新原料订单				

续表

企业运营流程 请按顺序执行下列各项操作	每执行完一步操作,总经理请在相应的方格内打钩。 会计主管在方格内填写现金收支情况。			
下原料订单				
更新生产/完工入库				
投资新生产线/变卖生产线/生产线转产				
向其他企业购买原材料/出售原材料				
开始下一批生产				
更新应收款/应收款收现				
出售厂房				
向其他企业购买成品/出售成品				
按订单交货				
产品研发投资				
支付行政管理费				
其他现金收支情况登记				
支付利息/更新长期贷款/申请长期贷款				
支付设备维护费				
支付租金/购买厂房				
计提折旧				( )
新市场开拓/ISO 资格认证投资				
信息化建设投资				
支付违约订单罚金				
结账				
现金收入合计				
现金支出合计				
期末现金对账(请填余额)				

表 4-63 现金预算

项 目	1	2	3	4
期初库存现金				
支付上年应交税				
市场广告投入				
贴现费用				

续表

项 目	1	2	3	4
支付短期贷款利息				
支付到期短期贷款				
原料采购支付现金				
转产费用				
生产线投资				
支付加工费				
产品研发投资				
收到现金前的所有支出				
应收款到期				
支付管理费用				
支付长期贷款利息				
支付到期长期贷款				
设备维护费用				
租金				
购买新建筑				
市场开拓投资				
ISO 认证投资				
支付违约订单罚金				
其他				
库存现金余额				

表 4-64 要点记录

第一季度：

第二季度：

第三季度：

第四季度：

表 4-65 订单登记

订单号									合 计
市场									
产品									
数量									

续表

订单号									合　计
账期									
销售额									
成本									
毛利									
罚款									

表 4-66　产品核算登记

项　目	P1	P2	P3	P4	合　计
数　量					
销售额					
成　本					
毛　利					

表 4-67　综合费用明细

项　目	金　额	备　注
管理费		
广告费		
维修费		
租金		
转产费		
未交货罚款		
信息建设投资		自动报表（　）MRP&ATP（　）全面预算（　）
ISO 资格认证		□区域　□国内　□亚洲　□国际
产品研发		P2（　）P3（　）P4（　）
其他		

表 4-68　利润

项　目	上年数	本年数
销售收入		
直接成本		

续表

项　目	上年数	本年数
毛利		
综合费用		
折旧前利润		
折旧		
支付利息前利润		
财务收入/支出		
其他收入/支出		
税前利润		
所得税		
净利润		

表 4-69　资产负债

资　产	期初数	期末数	负债和所有者权益	期初数	期末数
流动资产：			负债：		
现金			长期负债		
应收款			短期负债		
在制品			应付账款		
成品			应交税金		
原料					
流动资产合计			负债合计		
固定资产：			所有者权益：		
土地和厂房建筑			股东资本		
生产线设备			利润留存		
在建工程			年度净利		
固定资产合计			所有者权益合计		
资产总计			负债和所有者权益总计		

表 4-70　第六年总结

结束了,是否有意犹未尽的感觉? 结束也意味着新的开始,好好回顾一下,两天的课程,你最主要的
收获是什么? 关于课程有哪些建议和希望

你经营得如何? 成绩怎么样?

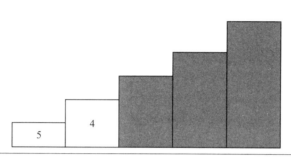

企业	成绩
A	
B	
C	
D	
E	
F	

本次培训你印象最深的内容有哪些?

你最重要的收获有哪些? 有哪些教训愿意和他人分享?

您认为企业经营成败最关键的因素是什么? 为什么?

有什么希望和建议?

第五章　创业版企业模拟运营

第一节　企业运营规则

一、学生人员分配

本次运营共 6 个组,每组 5～10 人,分工如下:总裁(CEO)、财务总监(CFO)、生产总监、营销总监、采购总监。

二、相关规则制定

各队必须提供各年的报表(手工出表),然后交到裁判组审计。超过规定运行时间未完成经营者,按总分 1 分/分钟(含 1 分钟内)计算罚分,最多不能超过 10 分钟;如果到 10 分钟后还不能完成相应的运行,将取消其资格。提交报表错误者,在总分中扣减 2 分/次。

每年所有队伍运行结束后,裁判将利润表、资产负债表、各市场的市场老大等信息,以公告的形式直接发送给各队,裁判不提供打印版的报表。

运行过程中,不允许各队以任何方式到裁判处查询运行过程记录,也不允许裁判向任何组提供相关的运行记录。

关于商业情报收集的工作,以企业经营模拟系统上的信息为准。

三、课程初始参数设置

课程初始参数设置见表 5-1。

表 5-1　课程初始参数设置

调整项目	参　数	调整项目	参　数
违约扣款百分比	25%	最长长贷年限	5 年

调整项目	参　数	调整项目	参　数
库存折价率（产品）	100％	库存折价率（原材料）	80％
长贷利率	10％	短贷利率	5％
贷款额倍数	3倍	初始现金（股东资本）	60M
贴现率（1,2期）	10％（1：9）	贴现率（3,4期）	12.5％（1：7）
管理费	1M/季	信息费	0M/次
紧急采购倍数（原料）	2倍	紧急采购倍数（产品）	3倍
所得税率	25％	最长经营年度	6年
选单时间	40秒	情报信息有效时间	300秒

四、运营规则

下面对运营中需遵守的规则重点问题加以说明。

（一）生产线

不论何时出售生产线，从生产线净值中取出相当于残值的部分计入现金，净值与残值之差计入损失；只有空的并且已经建成的生产线方可转产；当年建成的生产线需要交维修费。生产线具体情况见表5-2。

表5-2　生产线具体情况

生产线	购置费	安装周期	生产周期	总转产费	转产周期	维修费	残　值
手工线	5M	无	3Q	0M	无	1M/年	1M
半自动	10M	2Q	2Q	1M	1Q	1M/年	2M
自动线	15M	3Q	1Q	2M	1Q	1M/年	3M
柔性线	20M	4Q	1Q	0M	无	1M/年	4M

（二）折旧（平均年限法）

当年建成生产线不计提折旧，当净值等于残值时生产线不再计提折旧，但可以继续使用。各生产线折旧具体情况见表5-3。

表5-3　各生产线折旧具体情况

生产线	购置费	残　值	建成第1年	建成第2年	建成第3年	建成第4年	建成第5年
手工线	5M	1M	0	1M	1M	1M	1M
半自动	10M	2M	0	2M	2M	2M	2M
自动线	15M	3M	0	3M	3M	3M	3M
柔性线	20M	4M	0	4M	4M	4M	4M

（三）融　资

融资具体情况见表 5-4。

表 5-4　融资具体情况

贷款类型	贷款时间	贷款额度	年　息	还款方式
长期贷款	每年年初	所有长贷和短贷之和不能超过上年权益的 3 倍	10％	年初付息,到期还本;每次贷款为 10 的倍数
短期贷款	每季度初		5％	到期一次还本付息;每次贷款为 20 的倍数
资金贴现	任何时间	视应收款额	10％(1 季,2 季)12.5％(3 季,4 季)	变现时贴息
库存拍卖	原材料八折,成品按成本价			

（四）厂　房

厂房每季均可租或买,并做相应处理,租满一年的厂房在满期的季度,需进行"租转买"、"退租"(当厂房中没有任何生产线时)、"续租"等处理;厂房不计提折旧;生产线不允许在不同厂房间移动。厂房具体情况见表 5-5。

表 5-5　厂房具体情况

厂　房	买　价	租　金	售　价	容　量	厂房出售得到 4 个账期的应收款,紧急情况下可厂房贴现,直接得到现金。大厂房 35M 现金,5M 贴息;小厂房 26M 现金,4M 贴息
大厂房	40M	5M/年	40M	6 条	
小厂房	30M	3M/年	30M	4 条	

（五）市场准入

市场准入具体情况见表 5-6。

表 5-6　市场准入具体情况

市　场	开发费	时　间	
本地	1M/年	1 年	开发费用按开发时间在年末平均支付,不允许加速投资,但可中断投资。市场开发完成后,领取相应的市场准入证
区域	1M/年	1 年	
国内	1M/年	2 年	
亚洲	1M/年	3 年	
国际	1M/年	4 年	

（六）资格认证

资格认证具体情况见表 5-7。

表5-7　资格认证具体情况

认　证	ISO9000	ISO14000	
时间	2年	2年	平均支付,认证完成后可以领取相应的ISO 资格证。可中断投资
费用	1M/年	2M/年	

（七）产　品

产品具体情况见表5-8。

表5-8　产品具体情况

名　称	开发费用	开发周期	加工费	直接成本	产品组成
P1	1M/季	2季	1M/个	2M/个	R1
P2	1M/季	4季	1M/个	3M/个	R2＋R3
P3	1M/季	6季	1M/个	4M/个	R1＋R3＋R4
P4	2M/季	6季	1M/个	5M/个	R2＋R3＋2R4

（八）原　料

原料具体情况见表5-9。

表5-9　原料具体情况

名　称	购买价格	提前期
R1	1M/个	1季
R2	1M/个	1季
R3	1M/个	2季
R4	1M/个	2季

（九）订单规则

(1)订单信息有数量、销售总额、交货期、应收账期等。

(2)交货期:所有订单均为本年订单,必须当年完成,交货期规定的为本年最晚交货时间,可以在规定的交货时间之前交货。例如,订单规定 3 季交货,则可以在 1、2、3 季交货均可,应收账期从实际交货季开始算起。

(3)违约订单:不能按照订单规定的时间和数量交货的订单。违约订单系统自动收回,违约金在每年年末自动扣除,违约金向下取整扣除。另外,违约金计入费用表的损失项。

（十）紧急采购

紧急采购指付款即到货,原材料价格为直接成本的两倍,成品价格为直接成本的 3

倍。紧急采购原材料和产品时,直接扣除现金。上报报表时,成本仍然按照标准成本记录,紧急采购多付出的成本计入费用表损失项。

(十一)选单规则

市场老大优先选单,如无市场老大,以本市场本产品广告额投放大小顺序依次选单。如果两队在本市场本产品广告额相同,则看本市场广告投放总额;如果本市场广告总额也相同,则看上年市场销售排名;如仍无法决定,将随机选择先选单的组别。

第一年无订单。

(十二)取整规则

(1)违约金扣除——向下取整。

(2)库存拍卖所得现金——向下取整。

(3)贴现费用——向上取整。

(4)扣税——向下取整。

(十三)特殊费用项目

库存折价拍卖、生产线变卖、紧急采购、订单违约、增减资(增资计损失为负)操作计入其他损失。

(十四)运营排名

完成预先规定的经营年限,将根据各队的最后权益-罚分的结果计算分值,分数高者为优胜。

(十五)罚分规则

1. 运行超时扣分

运行超时有两种情况:一是指不能在规定时间内完成广告投放;二是指不能在规定时间内完成当年经营。

处罚:按总分1分/分钟(含1分钟内)计算罚分,最多不能超过15分钟;如果到15分钟后还不能完成相应的运行,将取消其参赛资格。

2. 报表错误扣分

必须按规定时间上报报表,且必须是账实相符,如果上交的报表与创业者自动生成的报表对照有误,在总得分中扣罚2分/次,并以创业者提供的报表为准修订。

3. 其他违规扣分

在运行过程中,下列情况属违规:

(1)对裁判正确的判罚不服从。

(2)在运营期间擅自到其他团队走动。

(3)其他严重影响团队正常进行的活动。

如有以上行为者,视情节轻重,扣除该队总得分的5~10分。

(十六)破产处理

当运营队权益为负或现金断流时,企业破产。

第二节 企业经营过程记录表

企业经营过程记录表见表 5-10 至表 5-72。

表 5-10 第一年经营

操作顺序	请按顺序执行下列各项操作。各总监在方格内填写原材料采购/在制品/产品出库及入库情况。其中,入库数量为"＋",出库数量为"－"。季末入库合计为"＋",数据相加;季末出库合计为"－",数据相加				
年初	新年度规划会议				
	参加订货会/登记销售订单				
	制订新年度计划				
	支付应付税				
	支付长贷利息				
	更新长期贷款/长期贷款还款				
	申请长期贷款				
	原材料/在制品/产品库存台账	1 季度	2 季度	3 季度	4 季度
1	季初盘点(请填数量)				
2	更新短期贷款/短期贷款还本付息				
3	申请短期贷款				
4	原材料入库/更新原料订单				
5	下原料订单				
6	购买/租用厂房				
7	更新生产/完工入库				
8	新建/在建/转产/变卖生产线				
9	紧急采购原料(随时进行)				
10	开始下一批生产				
11	更新应收款/应收款收现				
12	按订单交货				
13	产品研发投资				
14	厂房出售(买转租)/退租/租转买				

续表

操作顺序	请按顺序执行下列各项操作。各总监在方格内填写原材料采购/在制品/产品出库及入库情况。其中,入库数量为"+",出库数量为"-"。季末入库合计为"+",数据相加;季末出库合计为"-",数据相加			
15	新市场开拓/ISO 资格投资			
16	支付管理费/更新厂房租金			
17	出售库存			
18	厂房贴现			
19	应收款贴现			
20	季末出库合计			
21	季末支出合计			
22	季末数额对账			
年末	缴纳违约订单罚款			
	支付设备维护费			
	计提折旧			
	新市场/ISO 资格换证			
	结账			

表 5-11 现金预算

项 目	1	2	3	4
期初库存现金				
支付上年应交税				
市场广告投入				
贴现费用				
支付短期贷款利息				
支付到期短期贷款				
原料采购支付现金				
转产费用				
生产线投资				
支付加工费				
产品研发投资				
收到现金前的所有支出				
应收款到期				

续表

项 目	1	2	3	4
支付管理费用				
支付长期贷款利息				
支付到期长期贷款				
设备维护费用				
租金				
购买新建筑				
市场开拓投资				
ISO 认证投资				
支付违约订单罚金				
其他				
库存现金余额				

表 5-12 要点记录

第一季度：
第二季度：
第三季度：
第四季度：

表 5-13 订单登记

订单号								合 计
市场								
产品								
数量								
账期								
销售额								
成本								
毛利								
罚款								

表 5-14　产品核算登记

项　　目	P1	P2	P3	P4	合　　计
数量					
销售额					
成本					
毛利					

表 5-15　综合费用明细

项　　目	金　　额	备　　注
管理费		
广告费		
维修费		
租金		
转产费		
未交货罚款		
信息建设投资		自动报表（　）MRP&ATP（　）全面预算（　）
ISO 资格认证		□区域　　□国内　　□亚洲　　□国际
产品研发		P2（　　）　　P3（　　）　　P4（　　）
其他		

表 5-16　利润

项　　目	上年数	本年数
销售收入		
直接成本		
毛利		
综合费用		
折旧前利润		
折旧		
支付利息前利润		
财务收入／支出		
其他收入／支出		
税前利润		
所得税		

项　目	上年数	本年数
净利润		

表 5-17　资产负债

资　产	期初数	期末数	负债和所有者权益	期初数	期末数
流动资产：			负债：		
现金			长期负债		
应收款			短期负债		
在制品			应付账款		
成品			应交税金		
原料					
流动资产合计			负债合计		
固定资产：			所有者权益：		
土地和厂房建筑			股东资本		
生产线设备			利润留存		
在建工程			年度净利		
固定资产合计			所有者权益合计		
资产总计			负债和所有者权益总计		

表 5-18　第一年总结

这是你们自主运营的第一年,感觉如何? 是不是一个有收益的年度? 你们的战略执行得怎样? 将你的感想记录下来和你的团队分享

学会什么,记录知识点:

企业经营遇到哪些问题?

续表

这是你们自主运营的第一年,感觉如何? 是不是一个有收益的年度? 你们的战略执行得怎样? 将你的感想记录下来和你的团队分享
下一年准备如何改进?

表 5-19　第二年经营

操作顺序	请按顺序执行下列各项操作。各总监在方格内填写原材料采购/在制品/产品出库及入库情况。其中,入库数量为"+",出库数量为"-"。季末入库合计为"+",数据相加;季末出库合计为"-",数据相加				
年初	新年度规划会议				
	参加订货会/登记销售订单				
	制订新年度计划				
	支付应付税				
	支付长贷利息				
	更新长期贷款/长期贷款还款				
	申请长期贷款				
	原材料/在制品/产品库存台账	1 季度	2 季度	3 季度	4 季度
1	季初盘点(请填数量)				
2	更新短期贷款/短期贷款还本付息				
3	申请短期贷款				
4	原材料入库/更新原料订单				
5	下原料订单				
6	购买/租用厂房				
7	更新生产/完工入库				
8	新建/在建/转产/变卖生产线				
9	紧急采购原料(随时进行)				
10	开始下一批生产				
11	更新应收款/应收款收现				

操作顺序	请按顺序执行下列各项操作。各总监在方格内填写原材料采购/在制品/产品出库及入库情况。其中,入库数量为"＋",出库数量为"－"。季末入库合计为"＋",数据相加;季末出库合计为"－",数据相加				
12	按订单交货				
13	产品研发投资				
14	厂房出售(买转租)/退租/租转买				
15	新市场开拓/ISO 资格投资				
16	支付管理费/更新厂房租金				
17	出售库存				
18	厂房贴现				
19	应收款贴现				
20	季末出库合计				
21	季末支出合计				
22	季末数额对账				
年末	缴纳违约订单罚款				
	支付设备维护费				
	计提折旧				
	新市场/ISO 资格换证				
	结账				

表 5-20　现金预算

项　目	1	2	3	4
期初库存现金				
支付上年应交税				
市场广告投入				
贴现费用				
支付短期贷款利息				
支付到期短期贷款				
原料采购支付现金				
转产费用				
生产线投资				
支付加工费				
产品研发投资				

续表

项　目	1	2	3	4
收到现金前的所有支出				
应收款到期				
支付管理费用				
支付长期贷款利息				
支付到期长期贷款				
设备维护费用				
租金				
购买新建筑				
市场开拓投资				
ISO 认证投资				
支付违约订单罚金				
其他				
库存现金余额				

表 5-21　要点记录

第一季度：

第二季度：

第三季度：

第四季度：

表 5-22　订单登记

订单号										合　计
市场										
产品										
数量										
账期										
销售额										
成本										
毛利										
罚款										

表 5-23　产品核算登记

项　目	P1	P2	P3	P4	合　计
数量					
销售额					
成本					
毛利					

表 5-24　综合费用明细

项　目	金　额	备　注
管理费		
广告费		
维修费		
租金		
转产费		
未交货罚款		
信息建设投资		自动报表（　）MRP&ATP（　）全面预算（　）
ISO 资格认证		□区域　　□国内　　□亚洲　　□国际
产品研发		P2（　　）　　P3（　　）　　P4（　　）
其他		

表 5-25　利润

项　目	上年数	本年数
销售收入		
直接成本		
毛利		
综合费用		
折旧前利润		
折旧		
支付利息前利润		
财务收入/支出		
其他收入/支出		
税前利润		
所得税		
净利润		

表 5-26　资产负债

资　　产	期初数	期末数	负债和所有者权益	期初数	期末数
流动资产：			**负债：**		
现金			长期负债		
应收款			短期负债		
在制品			应付账款		
成品			应交税金		
原料					
流动资产合计			负债合计		
固定资产：			**所有者权益：**		
土地和厂房建筑			股东资本		
生产线设备			利润留存		
在建工程			年度净利		
固定资产合计			所有者权益合计		
资产总计			负债和所有者权益总计		

表 5-27　第二年总结

现在已经是第二年了,你肯定获得了很多不同于第一年的感受,渐渐从感性走向理性。将你的反响记录下来和你的团队分享

学会什么,记录知识点:

企业经营遇到哪些问题?

续表

现在已经是第二年了,你肯定获得了很多不同于第一年的感受,渐渐从感性走向理性。将你的反响
记录下来和你的团队分享

下一年准备如何改进?

表 5-28 第三年经营

操作顺序	请按顺序执行下列各项操作。各总监在方格内填写原材料采购/在制品/产品出库及入库情况。其中,入库数量为"＋",出库数量为"－"。季末入库合计为"＋",数据相加;季末出库合计为"－",数据相加				
年初	新年度规划会议				
	参加订货会/登记销售订单				
	制订新年度计划				
	支付应付税				
	支付长贷利息				
	更新长期贷款/长期贷款还款				
	申请长期贷款				
原材料/在制品/产品库存台账		1季度	2季度	3季度	4季度
1	季初盘点(请填数量)				
2	更新短期贷款/短期贷款还本付息				
3	申请短期贷款				
4	原材料入库/更新原料订单				
5	下原料订单				
6	购买/租用厂房				
7	更新生产/完工入库				
8	新建/在建/转产/变卖生产线				
9	紧急采购原料(随时进行)				

续表

操作顺序	请按顺序执行下列各项操作。各总监在方格内填写原材料采购/在制品/产品出库及入库情况。其中,入库数量为"＋",出库数量为"－"。季末入库合计为"＋",数据相加;季末出库合计为"－",数据相加				
10	开始下一批生产				
11	更新应收款/应收款收现				
12	按订单交货				
13	产品研发投资				
14	厂房出售(买转租)/退租/租转买				
15	新市场开拓/ISO 资格投资				
16	支付管理费/更新厂房租金				
17	出售库存				
18	厂房贴现				
19	应收款贴现				
20	季末出库合计				
21	季末支出合计				
22	季末数额对账				
年末	缴纳违约订单罚款				
	支付设备维护费				
	计提折旧				
	新市场/ISO 资格换证				
	结账				

表 5-29　现金预算

项　目	1	2	3	4
期初库存现金				
支付上年应交税				
市场广告投入				
贴现费用				
支付短期贷款利息				
支付到期短期贷款				
原料采购支付现金				
转产费用				
生产线投资				

续表

项　目	1	2	3	4
支付加工费				
产品研发投资				
收到现金前的所有支出				
应收款到期				
支付管理费用				
支付长期贷款利息				
支付到期长期贷款				
设备维护费用				
租金				
购买新建筑				
市场开拓投资				
ISO 认证投资				
支付违约订单罚金				
其他				
库存现金余额				

表 5-30　要点记录

第一季度：

第二季度：

第三季度：

第四季度：

表 5-31　订单登记

订单号									合　计
市场									
产品									
数量									
账期									
销售额									
成本									
毛利									
罚款									

表 5-32　产品核算登记

项　目	P1	P2	P3	P4	合计
数　量					
销售额					
成　本					
毛　利					

表 5-33　综合费用明细

项　目	金　额	备　注
管理费		
广告费		
维修费		
租金		
转产费		
未交货罚款		
信息建设投资		自动报表（　）MRP&ATP（　）全面预算（　）
ISO 资格认证		□区域　　□国内　　□亚洲　　□国际
产品研发		P2（　）　　P3（　）　　P4（　）
其他		

表 5-34　利润

项　目	上年数	本年数
销售收入		
直接成本		
毛利		
综合费用		
折旧前利润		
折旧		
支付利息前利润		
财务收入/支出		
其他收入/支出		
税前利润		
所得税		

续表

项　目	上年数	本年数
净利润		

表 5-35　资产负债表

资　产	期初数	期末数	负债和所有者权益	期初数	期末数
流动资产：			负债：		
现金			长期负债		
应收款			短期负债		
在制品			应付账款		
成品			应交税金		
原料					
流动资产合计			负债合计		
固定资产：			所有者权益：		
土地和厂房建筑			股东资本		
生产线设备			利润留存		
在建工程			年度净利		
固定资产合计			所有者权益合计		
资产总计			负债和所有者权益总计		

表 5-36　第三年总结

3 年的时间是一个很长的跨度,回头审视你们的战略是否成功? 对产品和市场做一次精确的分析,有助于发现你们的利润在哪里

学会什么,记录知识点:

续表

3年的时间是一个很长的跨度,回头审视你们的战略是否成功? 对产品和市场做一次精确的分析,有助于发现你们的利润在哪里
企业经营遇到哪些问题?
下一年准备如何改进?

表 5-37 第四年经营

操作顺序	请按顺序执行下列各项操作。各总监在方格内填写原材料采购/在制品/产品出库及入库情况。其中,入库数量为"＋",出库数量为"－"。季末入库合计为"＋",数据相加;季末出库合计为"－",数据相加					
年初	新年度规划会议					
	参加订货会/登记销售订单					
	制订新年度计划					
	支付应付税					
	支付长贷利息					
	更新长期贷款/长期贷款还款					
	申请长期贷款					
	原材料/在制品/产品库存台账		1 季度	2 季度	3 季度	4 季度
1	季初盘点(请填数量)					
2	更新短期贷款/短期贷款还本付息					
3	申请短期贷款					

续表

操作顺序	请按顺序执行下列各项操作。各总监在方格内填写原材料采购/在制品/产品出库及入库情况。其中,入库数量为"＋",出库数量为"－"。季末入库合计为"＋",数据相加;季末出库合计为"－",数据相加				
4	原材料入库/更新原料订单				
5	下原料订单				
6	购买/租用厂房				
7	更新生产/完工入库				
8	新建/在建/转产/变卖生产线				
9	紧急采购原料(随时进行)				
10	开始下一批生产				
11	更新应收款/应收款收现				
12	按订单交货				
13	产品研发投资				
14	厂房出售(买转租)/退租/租转买				
15	新市场开拓/ISO 资格投资				
16	支付管理费/更新厂房租金				
17	出售库存				
18	厂房贴现				
19	应收款贴现				
20	季末出库合计				
21	季末支出合计				
22	季末数额对账				
年末	缴纳违约订单罚款				
	支付设备维护费				
	计提折旧				
	新市场/ISO 资格换证				
	结账				

表 5-38 现金预算

项 目	1	2	3	4
期初库存现金				
支付上年应交税				
市场广告投入				

续表

项　目	1	2	3	4
贴现费用				
支付短期贷款利息				
支付到期短期贷款				
原料采购支付现金				
转产费用				
生产线投资				
支付加工费				
产品研发投资				
收到现金前的所有支出				
应收款到期				
支付管理费用				
支付长期贷款利息				
支付到期长期贷款				
设备维护费用				
租金				
购买新建筑				
市场开拓投资				
ISO 认证投资				
支付违约订单罚金				
其他				
库存现金余额				

表 5-39　要点记录

第一季度：

第二季度：

第三季度：

第四季度：

表 5-40　订单登记

订单号						合　计
市场						
产品						

续表

订单号									合　计
数量									
账期									
销售额									
成本									
毛利									
罚款									

表 5-41　产品核算登记

项　目	P1	P2	P3	P4	合计
数量					
销售额					
成本					
毛利					

表 5-42　综合费用明细

项　目	金　额	备　注
管理费		
广告费		
维修费		
租金		
转产费		
未交货罚款		
信息建设投资		自动报表（　）MRP&ATP（　）全面预算（　）
ISO 资格认证		□区域　　□国内　　□亚洲　　□国际
产品研发		P2（　　）　　P3（　　）　　P4（　　）
其他		

表 5-43　利润

项　目	上年数	本年数
销售收入		
直接成本		
毛利		

续表

项　目	上年数	本年数
综合费用		
折旧前利润		
折旧		
支付利息前利润		
财务收入/支出		
其他收入/支出		
税前利润		
所得税		
净利润		

表 5-44　资产负债

资　产	期初数	期末数	负债和所有者权益	期初数	期末数
流动资产：			**负债：**		
现金			长期负债		
应收款			短期负债		
在制品			应付账款		
成品			应交税金		
原料					
流动资产合计			负债合计		
固定资产：			**所有者权益：**		
土地和厂房建筑			股东资本		
生产线设备			利润留存		
在建工程			年度净利		
固定资产合计			所有者权益合计		
资产总计			负债和所有者权益总计		

表 5-45　第四年总结

一个新的 4 年开始了，前 3 年的管理经验已使你今非昔比。比如有效利用资源，扩大市场份额，提升利润是管理者必须关注的

学会什么，记录知识点：

一个新的 4 年开始了,前 3 年的管理经验已使你今非昔比。比如有效利用资源,扩大市场份额,提升利润是管理者必须关注的

企业经营遇到哪些问题?

下一年准备如何改进?

表 5-46　第五年经营

操作顺序	请按顺序执行下列各项操作。各总监在方格内填写原材料采购/在制品/产品出库及入库情况。其中,入库数量为"＋",出库数量为"－"。季末入库合计为"＋",数据相加;季末出库合计为"－",数据相加				
年初	新年度规划会议				
	参加订货会/登记销售订单				
	制订新年度计划				
	支付应付税				
	支付长贷利息				
	更新长期贷款/长期贷款还款				
	申请长期贷款				
原材料/在制品/产品库存台账		1 季度	2 季度	3 季度	4 季度
1	季初盘点(请填数量)				
2	更新短期贷款/短期贷款还本付息				
3	申请短期贷款				
4	原材料入库/更新原料订单				
5	下原料订单				
6	购买/租用厂房				
7	更新生产/完工入库				

续表

操作顺序	请按顺序执行下列各项操作。各总监在方格内填写原材料采购/在制品/产品出库及入库情况。其中,入库数量为"+",出库数量为"－"。季末入库合计为"+",数据相加;季末出库合计为"－",数据相加				
8	新建/在建/转产/变卖生产线				
9	紧急采购原料(随时进行)				
10	开始下一批生产				
11	更新应收款/应收款收现				
12	按订单交货				
13	产品研发投资				
14	厂房出售(买转租)/退租/租转买				
15	新市场开拓/ISO 资格投资				
16	支付管理费/更新厂房租金				
17	出售库存				
18	厂房贴现				
19	应收款贴现				
20	季末出库合计				
21	季末支出合计				
22	季末数额对账				
年末	缴纳违约订单罚款				
	支付设备维护费				
	计提折旧				
	新市场/ISO 资格换证				
	结账				

表 5-47　现金预算

项　目	1	2	3	4
期初库存现金				
支付上年应交税				
市场广告投入				
贴现费用				
支付短期贷款利息				
支付到期短期贷款				
原料采购支付现金				

续表

项 目	1	2	3	4
转产费用				
生产线投资				
支付加工费				
产品研发投资				
收到现金前的所有支出				
应收款到期				
支付管理费用				
支付长期贷款利息				
支付到期长期贷款				
设备维护费用				
租金				
购买新建筑				
市场开拓投资				
ISO 认证投资				
支付违约订单罚金				
其他				
库存现金余额				

表 5-48　要点记录

第一季度：

第二季度：

第三季度：

第四季度：

表 5-49　订单登记

订单号										合　计
市场										
产品										
数量										
账期										
销售额										
成本										

续表

订单号									合　计
毛利									
罚款									

表 5-50　产品核算登记

项　目	P1	P2	P3	P4	合　计
数量					
销售额					
成本					
毛利					

表 5-51　综合费用明细

项　目	金　额	备　注
管理费		
广告费		
维修费		
租金		
转产费		
未交货罚款		
信息建设投资		自动报表（　）MRP&ATP（　）全面预算（　）
ISO 资格认证		□区域　　□国内　　□亚洲　　□国际
产品研发		P2（　）　　P3（　）　　P4（　）
其他		

表 5-52　利润

项　目	上年数	本年数
销售收入		
直接成本		
毛利		
综合费用		
折旧前利润		
折旧		
支付利息前利润		

续表

项　目	上年数	本年数
财务收入/支出		
其他收入/支出		
税前利润		
所得税		
净利润		

表 5-53　资产负债

资　产	期初数	期末数	负债和所有者权益	期初数	期末数
流动资产:			负债:		
现金			长期负债		
应收款			短期负债		
在制品			应付账款		
成品			应交税金		
原料					
流动资产合计			负债合计		
固定资产:			所有者权益:		
土地和厂房建筑			股东资本		
生产线设备			利润留存		
在建工程			年度净利		
固定资产合计			所有者权益合计		
资产总计			负债和所有者权益总计		

表 5-54　第五年总结

管理是科学,管理更是艺术。你已经走过了 5 年,一定有很深刻的体会,那就一吐为快吧

学会什么,记录知识点:

续表

管理是科学,管理更是艺术。你已经走过了5年,一定有很深刻的体会,那就一吐为快吧	

企业经营遇到哪些问题?

下一年准备如何改进?

表 5-55　第六年经营

操作顺序	请按顺序执行下列各项操作。各总监在方格内填写原材料采购/在制品/产品出库及入库情况。其中,入库数量为"+",出库数量为"-"。季末入库合计为"+",数据相加;季末出库合计为"-",数据相加					
年初	新年度规划会议					
	参加订货会/登记销售订单					
	制订新年度计划					
	支付应付税					
	支付长贷利息					
	更新长期贷款/长期贷款还款					
	申请长期贷款					
	原材料/在制品/产品库存台账	1季度	2季度	3季度	4季度	
1	季初盘点(请填数量)					
2	更新短期贷款/短期贷款还本付息					
3	申请短期贷款					
4	原材料入库/更新原料订单					

操作顺序	请按顺序执行下列各项操作。各总监在方格内填写原材料采购/在制品/产品出库及入库情况。其中,入库数量为"＋",出库数量为"－"。季末入库合计为"＋",数据相加;季末出库合计为"－",数据相加				
5	下原料订单				
6	购买/租用厂房				
7	更新生产/完工入库				
8	新建/在建/转产/变卖生产线				
9	紧急采购原料(随时进行)				
10	开始下一批生产				
11	更新应收款/应收款收现				
12	按订单交货				
13	产品研发投资				
14	厂房出售(买转租)/退租/租转买				
15	新市场开拓/ISO 资格投资				
16	支付管理费/更新厂房租金				
17	出售库存				
18	厂房贴现				
19	应收款贴现				
20	季末出库合计				
21	季末支出合计				
22	季末数额对账				
年末	缴纳违约订单罚款				
	支付设备维护费				
	计提折旧				
	新市场/ISO 资格换证				
	结账				

表 5-56　现金预算

项　目	1	2	3	4
期初库存现金				
支付上年应交税				
市场广告投入				
贴现费用				

续表

项　目	1	2	3	4
支付短期贷款利息				
支付到期短期贷款				
原料采购支付现金				
转产费用				
生产线投资				
支付加工费				
产品研发投资				
收到现金前的所有支出				
应收款到期				
支付管理费用				
支付长期贷款利息				
支付到期长期贷款				
设备维护费用				
租金				
购买新建筑				
市场开拓投资				
ISO 认证投资				
支付违约订单罚金				
其他				
库存现金余额				

表 5-57　要点记录

第一季度：

第二季度：

第三季度：

第四季度：

表 5-58　订单登记

订单号										合　计
市场										
产品										
数量										

续表

订单号									合 计
账期									
销售额									
成本									
毛利									
罚款									

表 5-59 产品核算登记

项 目	P1	P2	P3	P4	合计
数 量					
销售额					
成 本					
毛 利					

表 5-60 综合费用明细

项 目	金 额	备 注
管理费		
广告费		
维修费		
租金		
转产费		
未交货罚款		
信息建设投资		自动报表（ ）MRP&ATP（ ）全面预算（ ）
ISO 资格认证		□区域　　□国内　　□亚洲　　□国际
产品研发		P2（ ）　　P3（ ）　　P4（ ）
其他		

表 5-61 利润

项 目	上年数	本年数
销售收入		
直接成本		
毛利		
综合费用		

续表

项 目	上年数	本年数
折旧前利润		
折旧		
支付利息前利润		
财务收入/支出		
其他收入/支出		
税前利润		
所得税		
净利润		

表 5-62 资产负债

资 产	期初数	期末数	负债和所有者权益	期初数	期末数
流动资产：			负债：		
现金			长期负债		
应收款			短期负债		
在制品			应付账款		
成品			应交税金		
原料					
流动资产合计			负债合计		
固定资产：			所有者权益：		
土地和厂房建筑			股东资本		
生产线设备			利润留存		
在建工程			年度净利		
固定资产合计			所有者权益合计		
资产总计			负债和所有者权益总计		

表 5-63 第六年总结

你已经走过了6年,一定有很深刻的体会,那就一吐为快吧

学会什么,记录知识点:

你已经走过了 6 年,一定有很深刻的体会,那就一吐为快吧

企业经营遇到哪些问题?

下一年准备如何改进?

表 5-64　第七年经营

操作顺序	请按顺序执行下列各项操作。各总监在方格内填写原材料采购/在制品/产品出库及入库情况。其中,入库数量为"+",出库数量为"-"。季末入库合计为"+",数据相加;季末出库合计为"-",数据相加				
年初	新年度规划会议				
	参加订货会/登记销售订单				
	制订新年度计划				
	支付应付税				
	支付长贷利息				
	更新长期贷款/长期贷款还款				
	申请长期贷款				
原材料/在制品/产品库存台账		1 季度	2 季度	3 季度	4 季度
1	季初盘点(请填数量)				
2	更新短期贷款/短期贷款还本付息				
3	申请短期贷款				
4	原材料入库/更新原料订单				
5	下原料订单				

续表

操作顺序	请按顺序执行下列各项操作。各总监在方格内填写原材料采购/在制品/产品出库及入库情况。其中,入库数量为"+",出库数量为"—"。季末入库合计为"+",数据相加;季末出库合计为"—",数据相加				
6	购买/租用厂房				
7	更新生产/完工入库				
8	新建/在建/转产/变卖生产线				
9	紧急采购原料(随时进行)				
10	开始下一批生产				
11	更新应收款/应收款收现				
12	按订单交货				
13	产品研发投资				
14	厂房出售(买转租)/退租/租转买				
15	新市场开拓/ISO 资格投资				
16	支付管理费/更新厂房租金				
17	出售库存				
18	厂房贴现				
19	应收款贴现				
20	季末出库合计				
21	季末支出合计				
22	季末数额对账				
年末	缴纳违约订单罚款				
	支付设备维护费				
	计提折旧				
	新市场/ISO 资格换证				
	结账				

表 5-65　现金预算

项　目	1	2	3	4
期初库存现金				
支付上年应交税				
市场广告投入				
贴现费用				
支付短期贷款利息				

续表

项 目	1	2	3	4
支付到期短期贷款				
原料采购支付现金				
转产费用				
生产线投资				
支付加工费				
产品研发投资				
收到现金前的所有支出				
应收款到期				
支付管理费用				
支付长期贷款利息				
支付到期长期贷款				
设备维护费用				
租金				
购买新建筑				
市场开拓投资				
ISO 认证投资				
支付违约订单罚金				
其他				
库存现金余额				

表 5-66　要点记录

第一季度
第二季度
第三季度
第四季度

表 5-67　订单登记

订单号									合　计
市场									
产品									
数量									
账期									

续表

订单号										合　计
销售额										
成本										
毛利										
罚款										

表 5-68　产品核算登记

项　　目	P1	P2	P3	P4	合　计
数量					
销售额					
成本					
毛利					

表 5-69　综合费用明细

项　　目	金　额	备　注
管理费		
广告费		
维修费		
租金		
转产费		
未交货罚款		
信息建设投资		自动报表（　）MRP&ATP（　）全面预算（　）
ISO 资格认证		□区域　　□国内　　□亚洲　　□国际
产品研发		P2（　　）　　P3（　　）　　P4（　　）
其他		

表 5-70　利润

项　　目	上年数	本年数
销售收入		
直接成本		
毛利		
综合费用		
折旧前利润		

项　目	上年数	本年数
折旧		
支付利息前利润		
财务收入/支出		
其他收入/支出		
税前利润		
所得税		
净利润		

表 5-71　资产负债

资　产	期初数	期末数	负债和所有者权益	期初数	期末数
流动资产：			负债：		
现金			长期负债		
应收款			短期负债		
在制品			应付账款		
成品			应交税金		
原料					
流动资产合计			负债合计		
固定资产：			所有者权益：		
土地和厂房建筑			股东资本		
生产线设备			利润留存		
在建工程			年度净利		
固定资产合计			所有者权益合计		
资产总计			负债和所有者权益总计		

表 5-72　第七年总结

结束了，是否有意犹未尽的感觉？结束也意味着新的开始，好好回顾一下，运营的过程，你最主要的收获是什么？关于本次运营有哪些建议和希望

你经营得如何？成绩怎么样？

续表

结束了,是否有意犹未尽的感觉? 结束也意味着新的开始,好好回顾一下,运营的过程,你最主要的
收获是什么? 关于本次运营有哪些建议和希望

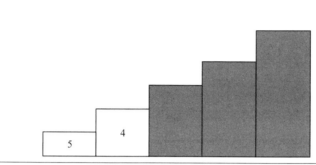

企业	成绩
A	
B	
C	
D	
E	
F	

本次培训你印象最深的内容有哪些?

你最重要的收获有哪些? 有哪些教训愿意和他人分享?

您认为企业经营成败最关键的因素是什么? 为什么?

有什么希望和建议?

第六章　企业管理制度

　　现代企业的一个重要标志就是企业内部管理规范化、制度化。作为一名成功的企业家(或企业管理者),并不是事无巨细地亲自组织和指挥企业的一切工作,而主要是保证企业经营管理步入正常轨道,以规范化、制度化、程序化的方法加以引导和约束。由此,企业管理制度的健全与否,对于一个企业的成败具有至关重要的影响。

　　企业管理制度大体上可以分为规章制度和责任制度。规章制度侧重于工作内容、范围和工作程序、方式,如管理细则、行政管理制度、生产经营管理制度。责任制度侧重于规范责任、职权和利益的界限及其关系。

　　公司内部细则对于企业管理极为重要。内部管理细则是企业经营管理的总纲,它是根据章程的规定对企业管理提出的具体化、规范化要求。内部管理细则不同于企业章程,它着重于调整企业内部关系,对外不具有法律效力,只能靠行政管理权力保证实施。企业章程不仅要调整企业内部关系,而且还要调整企业外部关系,对内对外都具有法律效力,国家权力要保证它的实施。内部管理细则是企业规章制度的一种形式,但它同其他单一的规章制度也有一定的区别。单一的规章制度只能调整局部关系和行为,而内部管理细则调整的是企业全局的关系和行为。

第一节　管理大纲与职位管理守则

一、管理大纲

　　第一条　为了加强管理,完善各项工作制度,促进公司发展壮大,提高经济效益,根据国家有关法律、法规及公司章程的规定,特制订本管理细则。

　　第二条　公司全体员工都必须遵守公司章程,遵守公司的规章制度和各项决定、纪律。

　　第三条　公司的财产属股东所有。公司禁止任何组织、个人利用任何手段侵占或破坏公司财产。

第四条　公司禁止任何所属机构、个人损害公司的形象、声誉和稳定。

第五条　公司禁止任何所属机构、个人为小集体、个人利益而损害公司利益或破坏公司发展。

第六条　公司通过发挥全体员工的积极性、创造性和提高全体员工的技术、管理、经营水平，不断完善公司的经营、管理体系，实行多种形式的责任制，不断壮大公司实力和提高经济效益。

第七条　公司提倡全体员工刻苦学习科学技术、文化知识。公司为员工提供学习、深造的条件和机会，努力提高员工的素质和水平，造就一支思想和业务过硬的员工队伍。

第八条　公司鼓励员工发挥才能，多做贡献。对有突出贡献者，公司予以奖励、表彰。

第九条　公司为员工提供平等的竞争环境和晋升机会，鼓励员工积极向上。

第十条　公司倡导员工团结互助、同舟共济，发扬集体合作和集体创造精神。

第十一条　公司鼓励员工积极参与公司的决策和管理，欢迎员工就公司事务及发展提出合理化建议，对做出贡献者公司予以奖励、表彰。

第十二条　公司尊重知识分子的辛勤劳动，为其创造良好的工作条件，提供应有的待遇，充分发挥其知识为公司多做贡献。

第十三条　公司为员工提供收入和相关福利保证，并随着经济效益的提高而提高员工各方面的待遇。

第十四条　公司实行"按劳取酬""多劳多得"的分配制度。

第十五条　公司推行岗位责任制，实行考勤、考核制度，端正工作作风和提高工作效率，反对办事拖拉和不负责任的工作态度。

第十六条　公司提倡厉行节约，反对铺张浪费；降低消耗，增加收入，提高效益。

第十七条　维护公司纪律，对任何人违反公司章程和各项制度的行为，都要予以追究。

二、职位管理守则

(一)总经理

1. 岗位责任

制定和实施公司总体战略与年度经营计划，建立和健全公司的管理体系与组织结构；主持公司的日常经营管理工作，实现公司经营管理目标和发展目标。

2. 工作内容

(1)根据董事会提出的战略目标，制定公司战略，提出公司的业务规划、经营方针和经营形式,经董事会确定后组织实施。

(2)主持公司的基本团队建设,规范内部管理。

(3)拟订公司内部管理机构设置方案和基本管理制度。

(4)审定公司具体规章、奖罚条例,审定公司工资奖金分配方案,审定经济责任挂钩办法并组织实施。

(5)审核签发以公司名义发出的文件。

(6)召集、主持总经理办公会议,检查、督促和协调各部门的工作进展,主持召开行政例会、专题会等会议,总结工作、听取汇报。

(7)主持公司的全面经营管理工作,组织实施董事会决议。

(8)处理公司重大突发事件。

(9)推进公司企业文化的建设工作。

(二)副总经理

1. 岗位责任

协助总经理制定并实施企业战略、经营计划等政策方略,实现公司的经营管理目标及发展目标。

2. 工作内容

(1)协助总经理制订公司发展战略规划、经营计划、业务发展计划。

(2)将公司内部管理制度化、规范化、程序化。

(3)制定公司组织结构和管理体系,相关的管理、业务规范和制度。

(4)组织、监督公司各项规划和计划的实施。

(5)开展企业形象宣传活动。

(6)按时提交公司发展现状报告、发展计划报告。

(7)指导公司人才队伍的建设工作。

(8)协助总经理运作公司与管理各职能部门,协助监督各项管理制度的制定及推行。

(9)协助总经理推进公司企业文化的建设工作。

(10)完成总经理临时下达的任务。

(三)财务部部长

1. 岗位责任

主持公司财务战略的制定、财务管理及内部控制工作,筹集公司运营所需资金,完成企业财务计划。

2. 工作内容

(1)利用财务核算与会计管理为公司经营决策提供依据,协助总经理制定公司战略,并主持公司财务战略规划的实施。

(2)建立和完善财务部门,建立科学、系统符合企业实际情况的财务核算体系和财务监控体系,进行有效的内部控制。

(3)制订公司资金运营计划,监督资金管理报告和预、决算。

(4)对公司投资活动所需要的资金筹措方式进行成本计算,并提供最为经济的筹资方式。

(5)筹集公司运营所需资金,保证公司战略发展的资金需求,审批公司重大资金流向。

(6)主持对重大投资项目和经营活动的风险评估、指导、跟踪和财务风险控制。

(7)协调公司同银行、工商、税务等政府部门的关系,维护公司利益。

(8)参与公司重要事项的分析和决策,为企业的生产经营、业务发展及对外投资等事项提供财务方面的分析和决策依据。

(9)审核财务报表,提交财务管理工作报告。

(10)完成总经理临时交办的其他任务。

(四)技术开发部部长

1. 岗位责任

规划并推进新产品市场营销战略与策略,实现公司各项年度经营指标。

2. 工作内容

(1)负责自制工装和自制检具的设计工作,并组织对自制工装和自制检具的验证工作。

(2)负责提供生产过程控制所需的标准、图纸、工艺文件、操作规程、检验规程、采购信息文件等技术质量文件。

(3)负责文件(包括顾客提供的样品)和记录的归口控制工作。

(4)负责新产品开发的前期策划及潜在的失效模式分析。

(5)负责生产过程的技术指导工作。

(五)销售部部长

1. 岗位责任

制定并推进实施全面的销售战略、销售方案,有效地管理客户。

2. 工作内容

(1)协助总经理建立全面的销售战略,依据公司整体战略,组织制订产品营销战略规划,组织新产品销售推广工作。

(2)规划公司产品销售系统的整体运营、业务方向,领导团队建设。

(3)依据公司整体产品销售目标,提交产品销售计划方案,监督实施销售全过程,完成销售任务。

(4)制订市场的经营前景规划和市场设计工作。

(5)制定和贯彻企业的产品策略及政策。

(6)组织培训市场营销人员,建设和管理高素质的营销团队,指导其完成公司计划、市场营销任务。

(7)拓展公司的市场策略,把握公司在行业中的发展方向,完成公司在行业中的市场定位,及时提供市场反馈。

(8)制订和实施年度市场推广计划和新产品开发计划。

(9)制定与实施各产品价格体系及营销战略、营销策略、地区覆盖策略及推广计划,并组织相关人员培训。

(10)指导、参与市场的开拓、渠道管理等日常工作。

(11)与客户、同行业间建立良好的合作关系。

(12)引导和控制市场销售工作的方向和进度。

(13)组织部门开发多种销售手段,完成销售计划及回款任务。

(14)管理销售人员,帮助建立、补充、发展、培养销售队伍。

(15)掌握市场动态,熟悉市场状况并有独特见解。

(16)协助处理大客户投诉,跟踪处理投诉结果,并进行客户满意度调查。

(17)进行客户分析,建立客户关系,挖掘用户需求。

(18)深入了解本行业,把握最新销售信息,为企业提供业务发展战略依据。

(19)完成总经理临时交办的其他任务。

(六)生产部部长

1.岗位责任

策划推进公司的生产战略、流程与计划,组织协调各生产车间优质足量完成生产任务,实现公司的运营目标。

2.工作内容

(1)负责依据评审后的合同所规定的标准、图纸、工艺要求,安排具体的生产活动及最终产品的交付工作。

(2)负责所用的企业厂房、工位器具、生产设备、工装、测量装置以及现场的生产工作环境的日常管理(如原设备/工装的完好情况检查,外购设备/工装的验收,设备/工装的建账,设备/工装的检修保养等),以及自制工装和自制检具的制作。

(3)负责对关键工序外协企业的选择、评价和重新评价工作。

(4)负责生产进度、工作纪律、相关产品质量目标等内部的过程监视工作。

(5)及时分析纠正相关生产过程中的质量问题,积极采取预防措施和纠正措施。

(6)负责产品实现的策划工作,包括适当时编制特定产品、项目、合同的质量计划。

(7)协同销售部实施与产品有关的要求的确定和评审。

(8)负责生产过程的确认。

(9)负责产品实现过程的测量和监视工作,包括关键工序的过程特性及趋势的分析;对工艺实施和工作环境的监督监视;通过对记录应用的检查,对质量管理过程进行日常监视。

(七)人力资源部部长

1. 岗位责任

规划、指导、协调公司的人力资源管理与组织建设,最大限度地开发人力资源,促进公司经营目标的实现和长远发展。

2. 工作内容

(1)全面统筹规划公司的人力资源战略。

(2)建立并完善人力资源管理体系,研究、设计人力资源管理模式(包含招聘、绩效、培训、薪酬及员工发展等体系的全面建设),制定和完善人力资源管理制度。

(3)向公司高层决策者提供有关人力资源战略、组织建设等方面的建议,并致力于提高公司的综合管理水平。

(4)塑造、维护、发展和传播企业文化。

(5)组织制订公司人力资源发展的各种规划,并监督各项计划的实施。

(6)为公司主管以上的管理者进行职业生涯规划设计。

(7)及时处理公司管理过程中的重大人力资源问题。

(8)完成总经理临时交办的各项工作任务。

(9)负责人力资源的管理和培训。

(八)供应部部长

1. 岗位责任

组织管理物流与仓储,实现物流顺畅的目标。

2. 工作内容

(1)控制供货和仓储成本以符合公司目标。

(2)管理物流供应商以使货物送达目标客户手中,并不断提升服务水平。

(3)保证日常操作顺畅有效。

(4)提供实时管理和作业报告,保持计算机系统和手工操作系统数据精确。

(5)保持实际存货100%精确。

(6)安置、组织并调动整个团队充分执行目标要求的任务。

(7)制订、组织、协调公司或所属部门的采购计划,达成公司所期望的货物种类、库存和利润目标。

(8)调查、分析和评估市场以确定客户的需要和采购时机。

(9)拟订和执行采购战略。

(10)管理其他相关员工以确定采购的产品符合生产的需要。

(11)发展、选择和处理当地供应商关系,如价格谈判、采购环境、产品质量、供应链、数据库等。

(12)改进采购的工作流程和标准,通过尽可能少的流通环节,达到存货周转的目标。

(13)发展和维护物流以及其他组织的相关职能部门的内部沟通渠道。

(14)向管理层提供采购报告。

(九)质检部部长

1.岗位责任

对产品质量进行策划,对产品进行测量和监视,包括对过程产品的首检和采购产品的验证。对公司产品质量负责。

2.工作内容

(1)负责对不合格品的归口管理。

(2)负责对产品的特性及趋势进行数据分析,包括供方的信息和采取预防措施的机会。

(3)负责责任范围内的产品标识和可追溯性的实施与管理。

(4)参与工装和自制检具的验证。

(5)负责过程的监视和测量。

(6)负责监视和测量装置的控制。

(7)每季度进行一次质量目标的考核。

(十)车间主任

1.岗位责任

策划产品的实现过程。

2.工作内容

(1)负责产品生产加工、装配、包装和设备的日常维护保养。

(2)负责相关的产品自检工作。

(3)负责责任范围内的产品标识和可追溯性的实施与管理。

(4)负责责任范围内的产品的防护工作。

第二节 人力资源管理制度

一、总 则

第一条 目 的

为使公司业绩蒸蒸日上,从而造就机会给每一位员工有所发展,严格的纪律和有效的规章制度是必要的。本手册将公司的员工规范、奖惩规定进行统一,公司全体员工认真学习、自觉遵守,是事业取得成功的保证。

第二条 公司信念

(1)热情——以热情的态度对待本职工作、对待客户及同事。

(2)勤勉——对于本职工作应勤恳、努力、负责、恪尽职守。

(3)诚实——作风诚实,反对文过饰非,反对虚假和浮夸作风。

(4)服从——员工应服从上级主管人员的指示及工作安排,按时完成本职工作。

(5)整洁——员工应时刻注意保持自己良好的职业形象,保持工作环境的整洁与美观。

第三条 生效与解释

(1)本员工手册自公布之日起生效,由公司管理部门负责解释。

(2)公司的管理部门有权对本员工手册进行修改和补充,修改和补充应通过布告栏内张贴通知的方式进行公布。

(3)本员工手册印制成册,作为劳动合同的附件,并与劳动合同具有同等效力。

二、录 用

第一条 录用原则

(1)员工的招聘将根据公司的需要进行。

(2)本公司采用公平、公正、公开的原则,招聘优秀、适用之人才,无种族、宗教、性别、年龄及残疾等区别。

(3)本公司的招聘以面试方式为主。

第二条 录用条件

(1)新聘员工一般实行试用期制度,试用期为一个月,试用期满经考核不合格者最多不超过两个月,第一周为考核期,考核期满工资正常发放。

(2)试用期满考核:成绩合格签订就业合同。新聘人员试用期满前,由各部门主管进行考核,考核合格者正式录用。试用期内如发现不符合录用条件的,可随时依法解除劳动合同。试用人员试用合格,其工龄自试用起始之日起计算。

三、录用程序

(1)各部门主管可以根据本部门发展或职位空缺情况,协同人力资源部进行招聘。

(2)必要时公司指定的员工应当进行年度体检,以保证公司的全面卫生质量。如员工患传染病,治疗期间暂停工作。

(3)新录用人员报到,应先到人力资源部办理下列手续:如实填写相关人事资料表格;核对并递交学历证书原件;核对并递交身份证原件、当地政府规定的各类就业证件原件,各项社会保障的转移手续;需要办理的其他手续。

(4)新录用员工报到后,公司凭其提供的合法用工证明与其签署劳动合同。在试用期满之前,上述条款所规定手续仍无法齐备的,将被视为不符合录用条件,依照政府相关规定,公司与其解除劳动关系,并不支付经济赔偿。

(5)所有员工个人情况如住址、婚姻状况、生育状况、紧急情况通知人发生变化时,应于7日内通知人力资源部。

四、员工行为准则

第一条 服务原则

(1)恪尽职守,勤奋工作,高质量地完成工作任务。

(2)不仅从语言上,更从行动上向客户(公司外部及内部)表明:客户的需求就是我们的需求。

(3)认真听从上级主管人员的工作指示和教导。对于职务报告,应遵循逐级向上报告的原则,不宜越级呈报,但在紧急或特殊情况下不在此限。上下级之间应诚意相待,彼此尊重。

(4)正确、有效、及时地与同事、与其他部门沟通意见看法,遇到问题不推卸责任,共同建立互信互助的团队合作关系

(5)专精业务知识和技能,开发自身潜力,表现出主动参与、积极进取的精神。

第二条 遵循商业道德

(1)公司永续健康的经营发展,取决于每位员工的态度和行为符合公司的期望。每位员工谨记自己代表公司,在任何地点、时间都注意维护公司的形象和声誉。

(2)不论是销售公司产品或提供服务,或是向供应商购买产品或服务,应完全以品质、价格与服务为决策的依据,不得给予或接受个别客户或客户代表相关的报酬、赠品或其他特殊待遇。

五、工 时

标准工时:员工平均每周工作40小时。标准工时不包括用餐时间和加班时间。员工每周的休息日由部门主管根据本部门生产情况确定;部门主管人应提前安排员工的休息日并通知员工;员工应当按照部门主管制定的工作时间安排进行工作和轮休,拒不遵守的员工将视为旷职处理。

六、考 核

第一条 考核的类型

公司员工的考核可分为考勤与考绩。考绩分为试用考核、岗位目标考核和年终考

核。员工考核记录将作为转正、升迁、调薪、核发年终奖金及惩处的依据。

第二条 考勤制度

(1)员工应每天上下班自觉刷卡记录出勤时间,在到达公司后或离开岗位前应着制服;员工如果未记录考勤,将视为缺勤,并扣除相应工资;考勤人员不得徇私枉法,否则将被视为较重违纪行为;员工因公司业务需要外出办事而不能进公司的,应该事先填写《公事外出登记表》。

(2)员工应准时上班,不得迟到、早退、旷职,工作时间开始后 15 分钟内到班者为迟到,工作时间终了前 15 分钟内下班者为早退,工作时间开始后或结束前 15 分钟到 4 小时内到班或下班者,以旷职半天论处,4 个小时之外到班或下班者以旷职 1 天论处;员工当月内迟到、早退合计 3 次,即使累计时间不超过 15 分钟,也以旷职半天论处;未经请假或假满未经续假而擅自不到职者,根据实际缺勤天数的 3 倍,按旷职处理;擅离工作岗位者,按旷职处理;旷职期间,工资不发。

(3)公司将根据考勤记录实行奖惩。

(4)员工在年内的考勤记录将作为年终考核的依据。

第三条 考绩制度

(1)考绩分为试用考核、岗位目标考核和年终考核。试用考核:由部门主管考核试用人员,经评估合格后,报人力资源部审核予以正式录用。岗位目标考核和年终考核:每年年底或按岗位目标期限执行。由部门主管对部门员工或目标责任人先行考核后,呈人力资源部总评。

(2)考绩内容包括(但不限于)员工的工作态度、工作能力、工作业绩、团队精神、遵纪情况等。

(3)考绩可分为以下等级:杰出,工作成绩优异卓越,对组织、公司做出较大贡献;优秀,全面完成工作且在大多方面超出标准;胜任,工作完成合乎要求,达到标准;需改善,尚有未达标准方面,但经努力可改进;不合格,工作差等,经过提醒教导后仍未改善。

(4)考绩结果为"需改善"或"不合格"的,均属"不能胜任工作"。

(5)考绩工作由主管、经理根据员工的工作绩效、专业技能、工作态度以及全年的功过记录等以客观的态度予以评定。

七、薪 酬

第一条 工资构成

(1)员工的工资总额由基本工资(含计件工资)、奖金(其中出勤、表现、效益奖各占 1/3)、津贴构成。

(2)公司根据员工的职位性质核定薪酬。

(3)如果员工按时出勤,并能履行其工作职责,完成工作任务,遵守主管人员或其他上级的指示,则公司每年将根据公司当年效益情况,给予员工一定数额的奖金。是否给予奖金及奖金的具体数额将由公司总经理决定。

第二条 工资支付

(1)公司以货币形式按月支付员工的劳动报酬。工资发放实行先做后付制度,即当月工资次月发放。公司发薪日为每月 10 日,如遇公众假期,发薪日可提前或推后。

(2)公司必要时按规定从员工当月工资收入中扣除个人所得税,并代员工向政府税务部门缴纳。

(3)公司员工不得向他人泄漏自己月薪所得,亦不得询问公司其他员工的月薪所得,违反此规定的员工应受到相应的警告处分,情节严重者将导致解聘。

八、假　期

第一条 假期类别

(1)公司的假期分为法定节假、婚假、丧假、年休假、补休假、病假、产假和事假。

(2)除长病假外,公司给假以"工作日"计。

第二条 请假规则

(1)所有休假应事先获得直接上级主管批准。

(2)所有假别均应事先填写请假单,按请假核准权限获批准后,统一交人力资源部备存。

(3)所有员工必须在休假完毕后立即至人力资源部办理销假手续。

第三条 法定节假日

(1)员工每年享有共计 11 个工作日的法定休假:元旦 1 天,春节 3 天,劳动节 3 天,中秋节 1 天,国庆节 3 天。

(2)公司可要求员工于法定节假日进行工作,并按照有关法律、本员工手册与劳动合同的规定支付报酬。

第四条 婚、丧假

(1)员工结婚给假 5 个工作日(指在本企业工作满 1 年的员工,下同)。符合政府新的文件规定的,员工可向公司提出申请,经批准后按当地政府有关规定执行。

婚假工资照发,但须提前 10 个工作日向人力资源部提出书面申请并提供结婚证明。

婚假只能在结婚日前或后 1 个月内使用,如遇特殊情况,须经主管或人事经理特批。

(2)如员工的父母、配偶或子女去世,凭医院《死亡通知书》,公司将给予员工最长 7 天的丧假。员工如需请丧假,须提前通知人力资源部,丧假期间工资照发。

第五条 年休假、补休假

(1)公司实行带薪年休假制度。员工为公司连续工作满 1 年以后,每年享有 1 次连续 6 个工作日的带薪年休假,年休假期间将支付基本工资、奖金和补贴。年休假允许拆零休假,年休假的休假时间按天计算,不足 1 天的按 1 天计算。普通员工需要年休,应当提前 1 周向部门主管提出申请,获得批准后,方可休假;管理人员需年休,应当提前两周向上级主管提出申请,获得批准后,方可休假。

(2)年休假需在 1 年内休完,不予累计享用,也不折发酬金。为保证公司的日常有效运营,部门主管将提前为每位员工计划和安排休假日程。员工在未得到公司事先同意情况下,不得以年休假为理由离开工作岗位。

第六条　病　假

(1)员工(女工)每月可以享有 1 个工作日的带薪病假。如果员工该月未休病假,则既不能累积,也无任何补偿。一个日历月中,员工请病假两个工作日及以上,自第二个工作日起,在扣除当月出勤奖后,按公司规定计发病假工资。凡因重大病因须住院、手术者,须出具市级医院住院诊断证明,不计工资。

(2)凡请病假,应在病假当天亲自或电话通知部门主管,并在病假结束返岗当天出具公司指定医院(急诊除外)的病假证明,由公司人力资源部予以审核归档。

第七条　产　假

(1)女员工生育享有产假。

(2)所有女员工必须于孕后一个季度之内通知部门主管其怀孕状况。休产假必须于预产期前 10 周向人力资源部申请,并出示医院出具的妊娠证明。产假工资按各公司规定计发。

第八条　事　假

(1)员工请事假应事先由部门主管批准,人力资源部审核,事先未得到批准的缺席,按旷职处理。

(2)事假期间不计工资。

九、培　训

第一条　培训目的

通过培训,员工达到并保持在本职工作岗位上进行规范服务的要求。

第二条　上岗培训

(1)上岗培训是指员工到岗后至试用期满前的业务培训。

(2)上岗培训内容主要包括:部门职能与工作目标,部门岗位结构和岗位职责,岗位应知应会,操作技能和工作程序,公司和部门规章制度,上岗培训由各业务部门组织实施,上岗培训的考核结果与员工转正评定相结合。

第三条　在岗培训

(1)在岗员工业务培训由各部门按照年度培训计划实施,凡公司出资培训的,培训前员工应根据公司要求签订培训协议。在岗培训由各部门组织实施,人力资源部配合,必要时可委托有关单位来公司培训或组织有关员工参加公司外部培训。在岗培训可采取岗位交叉培训、业务提高培训、新规范新技术培训等多种方式。

(2)公司每年根据具体情况由人力资源部对现有主管以上人员进行培训。对管理人员的统一培训由人力资源部安排,组织实施。管理人员统一培训的内容包括管理理论、管理能力、管理技巧、新知识、新技能等。对管理人员的专项培训,由本部门或人力资源部提出专项申请,报总经理批准执行。

(3)培训考核的资料应归档保存,作为晋升和奖惩的依据。

十、调　动

第一条　晋升调动

(1)晋升调动是指在职位级别或薪酬向上调整的变动。

(2)员工同时具备下列条件的,有资格晋升到高职位:员工在原职位表现优秀,有担任高一级职位的能力和潜力,完成晋升职位所必需的教育与培训,诚实、正直、态度积极。

(3)晋升调动可通过自荐或直接主管推荐,经批准,经人力资源部审核实施。

第二条　降职调动

降职调动是指在职位级别或薪酬向下调整的变动。员工符合下列条件之一时,由上级主管建议,人力资源部批准,方可以降职:

(1)不能胜任本职工作。

(2)由于组织结构调整,相应职位被取消,没有合适的职位空缺。

降职人员从降职的次月起执行新职位的工资与福利标准。

降职调动应当从严掌握。

员工有权对降职调动提出异议,但公司一经决定,员工应当服从。

第三条　临时调动

(1)如果一个部门的人员临时紧缺,总经理同意后,可以从其他部门临时调动人员,被临时调动的人员仍执行原职位的工资福利标准。

(2)临时调动最长不超过1个月,否则该员工必须办理正式调转手续,工资福利按新职位标准执行。

十一、安　全

第一条　安全规则

(1)禁止在仓库、生产车间及其他工作场所吸烟。

(2)禁止将任何东西堆放在安全门及安全通道前,以免阻塞。

（3）未经保安部门允许，不得将非公司人员带入公司。

（4）所有员工必须保证自己及同事的安全，对任何可能引起危险的操作和事件要提出警告，严重的应报告部门主管。

（5）员工必须熟悉本工作区内灭火装置的位置以及应急设备的使用方法。

（6）员工有义务将任何安全隐患上报。

第二条　意外紧急事故

（1）在紧急或意外情况下注意：保持镇静，立即通知上级领导和保安部门；协助维护现场；与同事鼎力合作，务使公司生产保持正常进行。

（2）如果员工在公司内受伤或发生事故，应当注意：在场的员工应立即通知部门主管或值班经理；协助救护伤病者；自觉维护现场秩序。

第三条　及时汇报

（1）为了保障安全操作，员工应当向部门主管或安全部门汇报所有不安全的实际操作或事故隐患。

（2）员工如果在公司内发现任何可疑人员，应当立即向保安人员汇报，以便将其驱逐出公司。

十二、保　密

第一条　商业秘密的范围

凡在本公司就职而获取的文件、资料、稿件、表格等业务信息，如有关客户名单、合作目的、价格、营业额、员工薪酬、技术文件，无论是口头、书面的，还是电脑文件形式的，无论是客户的还是本公司的均属商业秘密。

第二条　保密规则

公司员工务必遵守以下规则，否则视具体情况予以违纪处理：所有机密文件必须妥善保管；不得将公司文件用于不属于公司业务之用途；客户的情况、公司的业务不可作为闲谈话题；应在接待处或会议室接待来访，严格禁止客户、亲友进入生产区域，如遇客户参观，须事先经公司批准，由公司领导陪同；下班后，桌面、影印机、打印机、公用电脑等，不得留有客户资料，尤其是有关策略、推广、媒介计划、收款、报价等文件，包括草稿，不再有用时要用碎纸机销毁；特别机密文件必须在文件上加以注明，特别机密文件不再使用时，应归还客户或予以销毁；特别机密文件之传送，须事前通知收件方，事后向收件方确认其确已收到；任何业务信息的透露与公布都必须由总经理决定；不打听同事的考绩结果和薪酬收入。

十三、违　纪

第一条　目　的

为维护公司纪律及保证任务的完成，并强化员工敬业精神，特制定本奖惩办法。

第二条 一般违纪行为

(1)以下行为为一般违纪行为:无故迟到、早退一次;在工作时间内擅离工作岗位,情节较轻;浪费公物,情节轻微者;检查或监督人员未认真履行职责;携带公司规定不得带入工作场所之物品进入工作场所,情节轻微;因个人过失致工作发生错误,情节轻微;不服从主管人员合理指导,情节轻微;在公司上班时间内串岗、戏闹、干私活,情节较轻;上下班无故不打考勤卡;未经允许在工作时间内吃饭、洗澡;随便吐痰、乱扔杂物破坏环境卫生;未经批准使用不属于自己使用之机器设备;工作态度不认真,发生轻微责任事故;下班后不按规定切断电源;着装、仪表、礼仪、言行不符合员工行为规范;不保持更衣柜内整洁;不按工作时间表或分派的任务进行工作;对客户或其他员工无礼;违反公司其他规章制度,情节较轻的其他行为。

(2)员工如犯有一般违纪行为1次,将受到口头警告,并要求其签收口头警告记录。

第三条 较重违纪行为

(1)以下行为为较重违纪行为:无故连续迟到、早退两次以上;旷职半天;在公司上班时间内串岗、戏闹、干私活,情节严重;未经许可旷职半天;对上级指示或有期限的命令,未如期完成或处理严重不当且未申报正当理由;因疏忽致使机器设备或物品材料遭受损害、伤及他人或造成其他损失;在工作时间内未经主管许可,擅离工作岗位,情节较重;未经申请许可擅自安排外人进入生产区域;在严禁吸烟地区吸烟者;投机取巧隐瞒蒙蔽谋取非分利益者;遗失经手管理的重要文件、物品或工具;拒绝听从主管人员合理指挥监督,经劝导仍不听从;未经上级主管同意,擅自换班、调班;工作时间喝酒;未经允许,动用公司机器设备及材料;未经批准,无证启动、驾驶公司机动车辆;违反生产操作规程,造成产品质量事故或损坏机器设备;阳奉阴违,故意消极怠工;擅配或私配公司的各种钥匙,即使未造成损失;因个人原因被客户投诉并经查实;向客户索取物品及小费;未经许可将任何商品带出公司,即使是破碎的或损坏的或过期的;故意不服从上级的指示;提供虚假的医疗证明;在工作时间持有烈性酒或麻醉剂或企图将其带入公司;未经许可在布告栏内张贴或移动通知;在一年内,员工如犯有两次一般违纪行为。

(2)员工如犯有较重违纪行为将受到书面警告,并要求其签收书面警告记录。

第四条 严重违纪行为

(1)以下行为为严重违纪行为:散布谣言,致使公司蒙受严重不利而有事证者;全月累计或连续旷职1天者;一年内累计无故旷工超过10天的;制造谣言,恶言中伤其他员工,在公司范围内争吵、骂架的;拒绝主管人员合理调遣、指挥并有严重侮辱或恐吓之行为者;聚众闹事,在公司范围内动手打人或互相殴斗的;在公司内聚赌者;无故毁损公物或携带违禁品如凶器进入公司者;利用本公司名义,在外招摇撞骗者;泄露或偷窃公司的机密,情节严重者;在明示禁烟区内吸烟引起火灾,致使公司蒙受损失者;工作时饮酒滋事,携带毒品者;在公司内有伤风化行为情节严重者;营私舞弊,侵吞公有财物者;其他重大过失或不当行为影响公司声誉或利益,或导致严重不良后果者;擅离工作岗位,滋生变故,使公司蒙受重大损害者;隐瞒或伪造履历者,致公司误信而受损者;对公司同仁暴力威胁、恐吓、扰乱秩序者;触犯法律嫌疑重大,被公安司法部门拘留审查有罪或被判有期徒刑者;伪造、编造或盗用公司印章者;严重违反公司规章制度或做任何有损公司权益者,情节严重者;有贪污、挪用公款或收受贿赂,经查明属实者;散播有损本公司的谣言或挑拨劳资双方感情者;蓄意策划及参与罢工的;偷窃或非法占有客户、公司或其他员工的财物,无论价值多少;向公司的竞争者或其他任何机构泄漏保密信息;偷窃、涂改、伪造公司档案、资料、各种原始凭证、原始记录及重要文件;污辱、诽谤、殴打、恐吓、威胁、危害上级、同事;聚众怠工、造谣生事,影响公司正常工作秩序,情节严重者;在一年内员工如犯有一次一般违纪行为和一次以上较重违纪行为。

（2）如犯有严重违纪行为,员工将被勒令暂停工作两天,在此期间工资不发,公司将于调查后做出最终决定。

（3）如经过公司调查,员工的严重违纪行为无正当理由,公司将立即辞退员工,并不支付任何赔偿金。

第五条　失职行为

（1）以下行为构成一般失职行为:在工作时间内谈天、擅离工作岗位、躺卧睡觉或其他怠忽职守,而致使生产工作受到损失者;擅自变更工作方法和程序致使公司蒙受较大损失者;泄露商业秘密;员工损坏或遗失公司财物,拾到物品不处理、不上交,据为己有;管理人员的失职行为（如对下属的过失行为不处理、不报告被检举揭发）;当班睡觉、下棋、玩牌、玩电脑游戏;重要岗位工作时违反岗位职责、工作程序,即使尚未酿成事故;无故脱岗达1小时以上;遗失公司重要资料及物品;与上述条款性质类似的其他过失;员工违反从业常识造成损失或违反财务制度、人事制度、岗位职责造成公司成本、利润、资金财产等损失;其他因过失而损失公司财产的行为。

（2）以下行为构成严重失职行为:凡上述失职行为造成公司损失额达到1000元或以上,构成重大损失;凡营私舞弊或个人过失造成公司财产遭受重大损失的。

（3）一般失职行为给予口头警告或书面警告。

（4）严重失职造成公司财产遭受重大损失的,公司可以予以辞退,并保留进一步追究责任和要求赔偿的权利。

第六条　惩处程序

（1）任何违纪处分,都必须按规定的程序进行。口头警告,由部门主管决定,并填写《违章违纪单》,交人力资源部留存。书面警告,由部门主管及人力资源部决定。辞退决定,由部门主管及人力资源部做出,由总经理批准。如对员工进行书面警告以上纪律处分,应及时将所有的证据材料交人力资源部审核。如对本员工手册中未做直接规定的违纪行为进行处分,不论该行为的严重性如何,应事先征求人力资源部的意见。

（2）员工在受到第一次违纪处分后，12 个月内如再有处分，则受到累计升级的处分分别为：一般违纪 ＋ 一般违纪＝较严重违纪；一般违纪 ＋ 较严重违纪＝严重违纪，可立即辞退员工，并不支付任何赔偿金；较严重违纪 ＋ 较严重违纪＝严重违纪，可立即辞退员工，并不支付任何赔偿金。

（3）每项违纪处分都应当通知受处分员工，并要求该员工签收，员工有权对处分提出意见。如员工对工作不满意或对上级的任何指示、决定不服，可按照本条规定提出意见，但是员工不得以此为理由停止工作或履行职责。员工应首先将其意见告知其直接上级，如直接上级无法解决或员工对该上级的意见仍不满意，则应将其意见书面递交二级主管，并抄送人力资源部主管。如果员工觉得未充分听取其意见或未采取有效措施，则有权将问题直接提交人力资源部主管，人力资源部主管将协调各方解决。最终处分决定一旦做出，员工必须在处分决定上签字确认，如员工不签字，部门主管及人力资源部人员将以挂号信或其他法定形式送达员工，处分自送达之日起生效。

（4）任何处分决定均须归入员工在企业的内部档案中，并可根据员工的表现决定是否归入人事档案。

十四、解　聘

第一条　终止合同

（1）劳动合同期满或双方约定的劳动合同终止条件出现，劳动合同即行终止。

（2）劳动合同临近期满，公司提前 30 天通知欲继续录用者，双方商谈续订合同；未接到公司通知者，其劳动合同按期终止。本合同期满前 30 天内，若任何一方未提出续定意向，合同期满时自动终止。

（3）除双方在劳动合同中另有约定外，以下条件为劳动合同终止条件：不符合录用条件者，通过隐瞒实情获得转正；政府规定持证上岗的工种如司机、财务人员等其持证资格丧失。

（4）员工有下列情形之一的，公司可以终止合同，但应以书面形式提前 30 天通知员工：被证明不符合任职资格的；绩效考核连续两次不合格的；有重大隐瞒及虚假申报的；不能或不愿服从公司正常调动的。

有下列情形之一的，员工可以终止合同，但应以书面形式提前 30 天通知公司：公司调动员工的工作，员工难以接受的。

第二条　协商解聘

（1）经劳动合同当事人双方协商一致，劳动合同可以解除。

（2）如员工首先提出解除劳动合同，公司不给予经济补偿；如公司首先提出解除劳动合同，公司将根据地方政府的有关规定给予员工经济补偿。

第三条　辞退性解聘

（1）员工有如下情形之一的，公司有权单方解除与其的劳动合同，并且不向其支付经济补偿金:在试用期间被证明不符合录用条件的;严重违反劳动纪律或公司规章制度的;严重失职,营私舞弊,对公司利益造成重大损害的;被依法追究刑事责任或者劳动教养的。

(2)有下列情形之一的,公司在提前30天内以书面形式通知员工本人后,可以解除与其的劳动合同并按国家有关规定向其支付经济补偿金:员工患病或非因工负伤,医疗期满后,不能从事原工作也不能从事由用人单位另行安排的工作的;员工不能胜任工作,经过培训或者调整工作岗位,仍不能胜任工作的;劳动合同订立时所依据的客观情况发生重大变化,致使原劳动合同无法履行,经双方协商不能就变更劳动合同达成协议的。

(3)因公司经营条件或管理方针变化而产生冗员,公司有权依法裁减员工人数。

第四条　批准、修改与解释

(1)本条例经职工委员会讨论通过并经公司办公会议批准实施。

(2)本条例视实施情况,经职工委员会及公司办公会议批准后,可以修改。

(3)本条例未提及事宜,按公司及有关规定执行。

(4)本条例的解释权归公司人力资源部,如有不明事项,请向所在单位人力资源部门或公司咨询。

十五、员工守则

第一条　遵法制

学习理解并模范遵守国家的政策法律、本地的法规条例和本公司的规章制度,不得损害公司的荣誉和利益,争当一名好公民、好市民、好员工。

第二条　爱集体

(1)和企业荣辱与共,关心公司的经营管理和效益;树立质量是企业的生命的思想,严格按照作业指导书操作,在实际操作过程中发现有更合理的操作方法,主动及时向相关部门提出,经技术确认后修改作业指导书。

(2)有创新精神和积极工作态度,学习经济及管理知识等新知识,提高工作能力和自身素质,多提合理化建议和改革措施。

(3)工作卡代表公司的形象,要保持整洁、完好,不得随意涂改和损坏。如丢损工作卡,应立即报告公司并按相关制度申请补办,辞工时应将工作卡、工作服交回公司。

(4)牢固竖立"诚信、务实、开拓、进取"的观念和"诚信、敬业、创新、发展"的企业精神。

第三条　听指挥

(1)服从领导听指挥,全面优质完成本职工作和领导交办的一切任务。

(2)按照民主集中制的原则,坚决支持、热情帮助领导开展工作。

第四条 严纪律

(1)不迟到、不早退,出勤满,干满点。

(2)穿齐工作服,佩戴工作卡,不能穿拖鞋上班。

(3)工作时间不串岗,不窝工,不办私事,不饮酒,不在禁烟区吸烟。

(4)不私拿或损坏公物,爱护公司一切财产,损坏财产照价赔偿。

(5)工作区域不私设灶具自制饮食。

(6)未经允许,不得带领亲戚朋友进入车间;非上班时间未经允许,不准随便进入库房。

(7)同事间保持支持理解,团结协作,互勉共进,不搞帮派主义,不做侮辱或诽谤他人等有损团结之事。

十六、员工行为规范

第一条 目 的

为体现公司员工积极向上的精神面貌,工作期间保持良好的仪表与风度,树立良好的企业形象,特制定本行为规范。

第二条 适用范围

本规范适用于公司所有员工。

第三条 细 则

(1)着装规定:按公司规定统一着装;上班时间必须正确佩戴工卡;男士头发不宜过长,应定期修剪;女士头发不宜过短,应保持头发的清洁、整齐;女士不宜佩戴过多或夸张的首饰,应以简洁、高雅为标准,不得浓妆艳抹,不得涂艳色指甲或留过长指甲;不得穿拖鞋、光脚上班。

(2)行为规范:生产区域不准吸烟,不准大声喧哗;工作时间打电话不使用免提键,不打私人电话,接听私人电话不得超过3分钟;打电话要长话短说,电话铃响两声后必须接听电话,注意语气热情,彬彬有礼;上班时间不做与工作无关的事情,不串岗,不聊天,不随意谈笑,不吃零食;举止庄重,礼貌待人,同事之间交谈要使用文明用语。

第四条 处罚规定

凡违反上述情况之一,第一次罚款5元,第二次罚款10元,累计3次以上将通报批评,并扣罚当月工资的10%,同时将处罚意见写入员工个人考核意见中。

十七、行政管理

为完善公司的行政管理机制,建立规范化的行政管理,提高行政管理水平和工作效率,使公司各项行政工作有章可循,照章办事,制定制度。

办公用品领用规定:公司各部门所需的办公用品,由办公室统一购置,各部门按实际需要领用。各部门专用的表格,由办公室统一订制。办公室用品,只能用于办公,不得移作他用或私用。所有员工对办公用品必须爱护,勤俭节约,杜绝浪费,禁止贪污,努力降低消耗、费用。购置日常办公用品或报销正常办公费用,由办公室主任审批,购置大宗、高级办公用品,必须按财务管理规定报总经理批准后才能购置。

十八、办公例会制度

第一条 目 的

实现有效管理,促进公司上下的沟通与合作,提高公司各部门执行工作目标的效率,追踪各部门工作进度,集思广益,提出改进性及开展性的工作方案。协调各部门的工作方法、工作进度、人员及设备的调配。

第二条 会议分类

(一)总经理办公会

会议组织:行政办公室。

会议主持人:公司总经理,总经理若因公出差无法主持时,则由副总经理或指定公司高级干部代行职权。

会议参加人:副总经理、各部门主管。

列席人员:视事实需要,可让其他有关人员出席。

会议内容:听取各部门主管对所属工作的汇报,对完成有困难的工作集体协商,并寻找解决办法;对工作中出现的问题及时跟踪改进,对工作中的失误找出原因并及时改正、总结;探讨公司经营活动的最佳方案,并对各阶段经营业绩及时总结,以达到整体经营目标的实现;对上期工作总结,并部署下期工作任务。

会议记录人:人力资源部。

会议时间:时间为每月末6日内。

(二)管理例会

会议主持人:行政副总经理、各部门经理轮流主持。

会议参加人:副总经理、各部门经理。

列席人员:视事实需要,所邀请其他人员。

会议内容:协调各部门工作进度,使各项经营活动按照预期目标有序进行;对涉及部门较多,对公司整体有较大影响的问题集体探讨;集思广益,寻求解决问题的方法;不能达成共识时,上报总经理办公会议请总经理裁决;追踪并改进日常管理工作。

会议记录人:人力资源部。

会议时间:时间为每周末最后工作日的下午。

(三)公司全体会

会议主持人:公司总经理或者总经理指定人员。

会议参加人：公司全体人员。

列席人员：视事实需要，所邀请公司外部人员。

会议内容：公司营运状况，日常工作进度以及将要采取的重大决策向全体员工宣布，促使上下信息的沟通；公布有关员工奖励或惩处措施，以求公开、公正、合理。

会议记录人：人力资源部。

会议时间：时间视情况另定。

（四）部门工作会

会议主持人：部门经理或部门经理指定人员。

会议参加人：部门所有人员。

列席人员：视事实需要，所邀请其他部门人员。

会议内容：协调部门内部工作开展，对工作中的问题及时发现，及时解决；所属工作有进展难度时，提出帮助请求，并集体讨论解决；明确部门工作在公司整体经营活动中的进展状况，及时总结工作的经验教训并制订下期工作计划。

会议记录：部门文职人员

会议时间：时间由部门经理自行安排，每周至少两次。

第三条　会议记录

（1）总经理办公会，会议记录应在一天内整理完毕，送交会议主持人核阅，核阅后应复印分发各出席人一份，传阅各出席人，并要求阅者签字为据。该份记录最后传回会议主持人，作为下一次会议的重要资料。

（2）管理例会，会议记录整理完毕后，分发至各出席人一份。

（3）公司全体会，会议记录由人力资源部整理完毕，先请总经理签字确认，然后分发至各部门，以备查询。

（4）部门工作会，各与会人员均应记录会议要点，与本身工作相关内容应详记，以便对日后工作有指导意义。

十九、保密工作

为保守公司秘密，维护公司发展和利益，制定本制度。全体员工都有保守公司秘密的义务。在对外交往和合作中，须特别注意不泄漏公司秘密，更不准出卖公司秘密。

公司秘密是关系公司发展和利益，在一定时间内只限一定范围的员工知悉的事项。公司秘密包括下列秘密事项：

（1）公司经营发展决策中的秘密事项。

（2）人事决策中的秘密事项。

（3）专有生产技术及新生产技术。

（4）招标项目的标底、合作条件、贸易条件。

（5）重要的合同、客户和贸易渠道。

（6）公司未向公众公开的财务、证券情况、银行账户账号。

（7）其他董事会或总经理确定应当保守的公司秘密事项。

属于公司秘密的文件、资料，应标明"秘密"字样，由专人负责印制、收发、传递、保管。

公司秘密应根据需要，限于一定范围的员工接触，未经批准，不准复印、摘抄秘密文件、资料。记载有公司秘密事项的工作笔记，持有人必须妥善保管，如有遗失，必须立即报告并采取补救措施。接触公司秘密的员工，未经批准不准向他人泄露。非接触公司秘密的员工，不准打听、刺探公司秘密。

对保守公司秘密或防止泄密有功的，予以表扬、奖励。违反本规定故意或过失泄露公司秘密的，视情节及危害后果予以行政处分或经济处罚，直至予以除名。

二十、保卫制度

为了方便公司内部各项活动正常有序开展，不受外部的干扰，公司财产不受侵害特制定本制度。

（1）保卫人员在公司总经办的领导下开展工作。

（2）外来人员或车辆未经许可不得进入公司。

（3）外来人员未经许可不得进入生产区域，许可进入生产区域时必须有公司领导陪同，并佩戴参观证，离厂时交回，否则生产现场的员工有权阻止，并向现场管理人员报告。

（4）员工亲戚、朋友来访时，须在门卫登记后方可接见，接见时间不超过15分钟。

（5）严禁携带有易燃、易爆、有毒等有害物的人进入厂区，严禁酗酒者进入厂区。

（6）车辆外出时须经门卫检查后方可放行。

（7）货车必须出具货物出门单，交门卫校验后方可放行。

（8）门卫必须24小时有人值班，晚21时后保卫人员必须每隔1小时对全厂巡视1次。

（9）保卫人员时刻保持高度的警惕，严防盗窃、火灾、行凶滋事等突发事件的发生。

（10）保卫人员应保持冷静、清醒的头脑，处理好事件，尽力避免事件的升级和扩大化并及时向公司值班领导报告。

（11）保卫人员应做好当班安全记录，做好交接班工作。

（12）保卫人员应讲究仪表，做好个人及门岗卫生，穿戴整洁。

二十一、车辆管理制度

为了使公司各种车辆管理规范化，更好地为公司各项活动服务，特制定本制度。

（1）公司所有车辆归公司总经办统一管理调度。

（2）车辆有出差任务时需经总经办出具派车单，驾驶人员接到派车单方可出车。

（3）有临时紧急出车任务时，用车人员或驾驶员需电话向总经办报告并得到认可。

（4）出车任务终结后，驾驶员应向总经办回复并将车辆入库交付车钥匙，如遇下班时驾驶员应电话告知车辆调度人员。

（5）出车驾驶员应自觉遵守交通法规，如遇个人违章受到违章处罚时由当事人自己承担。

（6）任何人未经许可不得擅自使用公司车辆，违者以旷工1天处罚。

（7）驾驶员应对车辆进行日常保养和维护，保持车辆清洁。

二十二、档案管理制度

第一条 目 的

规范公司文件、人力资源档案管理，为公司提供准确的相关文件及人力资源信息。

第二条 范 围

全体员工。

第三条 责任者

总经办。

第四条 程 序

（一）责任区分

（1）公司总经办要有兼职档案管理员，专门负责公司各种档案管理工作。

（2）档案管理员负责档案的调入、调出、建立、保存、使用等工作。

（3）档案管理员要按归档材料要求，及时、准确收集各种档案材料所需信息，录入档案中，建立文档目录检索。

（4）人事专员、档案管理员有权要求员工按时上交、补齐个人档案材料。

（5）在公司条件允许的情况下，逐步建立电子档案。

（6）公司正式员工都必须向公司提供准确的个人信息。

（7）部门经理以上及个别关键岗位员工的个人信息，要由总经办专门调查核实。

（8）对恶意提供个人虚假信息的员工，一经查实，一律做辞退处理。

（9）员工个人信息发生变化，必须在15个工作日内报告总经办，以便及时更改。

（二）档案建立

（1）正式员工必须建立统一的基础档案，基础档案包括应聘登记表、员工履历表、各种证件（身份证、学历证、职称证、上岗证）复印件，近期一寸正面彩照。

（2）员工个人档案材料的收集，属于在公司工作期间发生的材料由档案管理员直接收集归档，个人认为需归档的材料，交由人事专员辨析确认签字后归档。

（三）档案管理

（1）公司的档案一律由总经办统一保管。

（2）员工个人档案不得带出档案室，查阅档案资料只能在档案管理员在场的情况下进行。

（3）加、减、改动档案信息须经总经办主任审查同意方可进行。

（四）档案使用

（1）档案按秘密等级管理，按权限使用档案信息。

（2）董事长、总经理、副总经理、总经办主任、人事专员可以查阅公司内人力资源全部信息。

（3）部门经理可查阅本部门员工档案材料。

（4）员工本人仅限查阅本人档案材料。

（5）因工作需要查阅相关档案材料时，应填写书面申请，经使用档案材料的部门经理、总经办批准后方可按规定查阅。

（6）所有档案信息不得外传

（五）档案保存

（1）长期保存的档案：部门经理以上员工；曾在公司任各级安全、消防、治保责任人；曾在公司任财务、采购、仓管的员工；在公司账、物未清且不辞而别的员工；公司技术、商业秘密。

（2）短期保存：被公司开除、除名、辞退的员工；其余文件及员工档案保存到离职后3年。

（六）档案销毁

（1）存满规定期限的档案，可以销毁。

（2）需销毁的档案，由档案管理员认真查阅，调出需转移保存材料，由人事专员、总经办主任、主管副总经理、总经理审查签字后销毁。

（3）需销毁的档案由专人现场负责粉碎或焚烧，过程要照、摄像，其结果要记录在案。

第三节　质量责任奖惩规则

一、处罚范围

以下情况应予以处罚：

（1）公司管理人员，因玩忽职守，不负责任，有章不循，违章指挥，不接受检验部门按制度提出的合理要求，违反工艺纪律，不执行批次管理而造成质量损失，或即使未造成损失,但对本单位质量问题知情不报、弄虚作假者。

(2)工程技术人员,因疏忽或失职,导致产品设计工艺规程、技术文件、现场处理技术问题错误而造成质量问题者;扣压正式技术文件或不贯彻者,不履行技术文件更改制度,用随意更改的图样或技术文件指导生产或口头指挥者。

(3)操作工人由于违反工艺纪律,马虎大意,野蛮操作,忽视文明生产,造成产品磕打碰伤,达不到清洁要求,以及造成产品损失者。

(4)不按图样、工艺规程、技术文件和保证质量的现行有效规范进行工作者。

(5)出现废品后,不如实向检验人员反映,弄虚作假,私自销毁、藏匿、扔掉或私找材料再加工者。

(6)需超越工序或倒换工序操作,而不事先办理批准手续或不接受检验人员劝阻者。

(7)不按规定执行首件三检制度而连续加工或经检验人员指出质量问题后,置若罔闻,仍继续加工者。

(8)对已产生的废品或超差品在检验人员填写报废或返工、返修单后无理拒绝签字者。

(9)检验人员不履行职责,擅离岗位,不及时执行首件三检或流动检验;不亲自检验产品质量,不按规定的验收数量检验产品,即盖章验收或把印章交给他人代盖验收产品者。

(10)由于检验人员马虎大意,不负责任,错误理解工艺规章而造成产品漏检、错检,使产品造成报废、返工、返修者。

(11)检验员对已发现的报废、返工、返修品不执行"三不放过"的原则,不及时处理或为操作者营私舞弊,隐情不报者。

(12)检验部门负责人不照章办事,盲目顺从,接受无根据、有失原则、有损于产品质量的指挥,对所在车间质量情况不如实、及时地向上级主管部门汇报,掩盖事实真相或篡改质量记录者。

(13)采购人员、保管人员忽视工作质量,置外购入库、出库的原材料或附件的技术条件、质量要求于不顾,造成原材料或附件在加工、装配中或售出后发生质量问题者。

(14)销售人员、售后服务人员对售出和现场使用的产品出现的质量问题不及时向有关部门反馈质量信息或信息反馈不真实,对用户服务不及时,导致公司信誉受损害者。

二、罚款标准

(1)对严重违反工艺纪律的领导干部、员工不得参加年度评定晋升工资。

(2)由于责任心不强、马虎大意造成废品损失者,应根据一次加工过程中所造成废品损失金额的多少,可参考表 6-1 所列进行罚款。

表 6-1　罚款参考

损失金额/万元	0.5～1.0	1～2	2～5	5～8	8～10	＞10
罚款金额/万元	1	2	2～3	3～5	5～10	由公司最高管理者(总经理)处理

(3)以上罚款标准,同样适用于各级领导干部、工程技术人员、业务管理人员及检验人员。

(4)把不合格品流入下道工序,罚款部分由检验人员和操作工按 4∶6 分摊。

(5)对造成重大质量事故(损失 10000 元以上)者,视其情节轻重,对其责任人扣发当月工资的 30%～50% 或停发当月工资或给予开除的行政处分。

(6)对集体作业发生的废品损失,罚款标准按上述执行,由当事人员按责任大小分摊,组长加罚 10%。

(7)对发生了差错被他人发现,堵塞了质量漏洞,虽然未造成质量直接经济损失,差错性质严重,也应根据情节进行罚款。

(8)对出现质量问题该罚而不罚进行袒护包庇者,一经发现,对其单位领导或检验人员进行处罚,按上述规定标准执行。

(9)对忽视质量、不经有关人员研究,擅自通过不合格品的责任人,一经查出扣罚当月工资的 5%～20%,造成严重质量事故者,由公司最高管理者(总经理)处理。

(10)确属责任事故的废品而又找不出责任人时,对其所在部门的领导实行罚款处理,罚款标准按上述相应条例执行。

(11)利用职务之便,对坚持质量原则或检举揭发违反质量制度情况的员工,实行打击报复者,从重从严处罚,适当时可直接开除。

三、奖励标准

(1)对加工重要工序的操作者,全月无废品并能完成车间下达的生产任务者,当月嘉奖工资的 10%。

(2)对加工一般工序的操作者,半年内无废品并完成车间下达的生产任务者嘉奖工资的 50%。

(3)检验员半年内无漏检、错检并严格执行检验纪律,各种质量档案记录齐全无差错,嘉奖工资的 50%。

(4)对工作认真负责,堵塞了质量漏洞,避免了质量事故发生者,均应根据其贡献大小给予适当的奖励。

(5)对重视产品质量,主动协同质量部门提高产品质量以及在全面质量管理工作中做出优异成绩的员工和干部,视其贡献大小给予适当奖励。

总之,各类人员重视产品质量,堵塞了质量漏洞,杜绝各类质量事故、防止成批报废或在加强全面质量管理工作中做出贡献者,均应根据情况给予表扬、记功和物质奖励。

四、附　则

对车间主任、各部门经理以上管理及直属部门人员的质量奖罚,由公司最高管理者(总经理)执行,其他员工的奖罚由各车间或部门领导提名报总经办执行。

第七章　创业故事与案例分析

第一节　创业故事

一、创业人物:比尔·盖茨

一名18岁的大三学生从哈佛退学,一头扎进个人计算机软件领域,创建微软公司。这个"不误正业"的大学生就是当今世界首富比尔·盖茨。比尔·盖茨一直是当今世界大学生的榜样,特别是那些正在大学就读的学生,每当他们急欲放下学业,跃跃欲试张开创业翅膀而遇阻时,他们常常搬出比尔·盖茨。在许多人眼里,只要有创意有资金,实现创业梦想就近在眼前,他们思维活跃,敢想敢为。不可否认,大学生创业有许多成功的案例,如武汉科技学院电信学院应届本科毕业生胡××,他借债上大学,在大学期间,他打工、创业,不仅还清了债务,为家里盖起了两层洋楼,自己还在武汉购房买车,拥有了自己的培训学校。但实际上,大学生创业更多的是失败,是苦涩。

大学时代是一个人广泛学习各种基本技能、培养健康稳定的文化心态的黄金时期,可以利用课余时间参加实践、体验社会,但还是应以学业为重。向比尔·盖茨看齐,看的更应该是开创精神,而不是草率的盲从。

比尔·盖茨曾在接受央视记者采访,提到当年退学创业时,他说:"我鼓励人们还是要完成学业,除非有一些非常紧迫的,或者是不容错过的事情。完成所有的学业会好得多。"比尔·盖茨不可能像他的电脑软件一样可以复制,让我们记住比尔·盖茨的忠告:

生活是不公平的,要去适应它。

这世界并不会在意你的自尊。这世界指望你在自我感觉良好之前先要有所成就。

高中刚毕业你不会成为一个公司的副总裁,直到你将此职位挣到手。

如果你认为你的老师严厉,等你有了老板再这样想。老板可是没有任期限制的。

如果你陷入困境,不要尖声抱怨我们的错误,要从中吸取教训。

在你出生之前,你的父母并非像现在这样乏味。他们变成今天这个样子是因为这些年来他们一直在为你付账单,给你洗衣服,听你大谈你是如何的酷。

你的学校也许已经不再分优等生和劣等生,但生活仍在做出类似区分。

生活不分学期。你并没有暑假可以休息,也没有几位雇主乐于帮你发现自我。自己找时间做吧。

电视并不是真实的生活。在现实生活中,人们实际上得离开咖啡屋去干自己的工作。善待乏味的人,因为有可能到头来你会为一个乏味的人工作。

二、假日经济:一块冷热不均的馅饼

在习惯了多年的紧张工作之后,面对突然出现的长假,仿佛一夜之间,"休假"成了人们谈论最多的话题,而"假日经济"这一新名词也频频出现在大大小小的传媒上,成了注意力最旺的"新宠"。2000年的"五一",假日消费像一个风火轮,转到那里,火到那里,犹如天上掉下的馅饼,让商家个个喜笑颜开,只是手忙脚乱的商家在蜂拥而至的消费者面前显得力不从心,不但屡屡与众多商机擦肩而过,还惹得消费者怨声不断。于是,商家们为下一个长假憋足了劲。然而,当"十一"如约而至之后,现实的境况却与商家的期望相去甚远,尽管商场依然人声沸腾,却未见购物狂潮;尽管旅游点车来车往,却未见人潮涌动。从"五一"的火爆到"十一"的几分凉意,不但让不少商家大失所望,也让跟着感觉走的商家们着实猜不透,假日经济"真经"何在?

从最具代表性的旅游市场看,铁路部门"十一"期间发送旅客和客票收入比"五一"下降,民航飞行航班和运输旅客比"五一"也有所下降。而国家统计局、国家旅游局(现为文化和旅游部)的联合调查统计则显示,"十一"假期期间国内旅游者达5982万人,实现国内旅游收入230亿元,反比"五一"期间的4600万人和181亿元有不小的增长,这与许多旅游企业的冷清形成鲜明反差。消费者的消费行为发生了变化,而面对这些变化,许多企业又落在了后面。

三、引爆流行:环境威力使流行成为可能

环境威力法则:消费者深受自己周围的大环境、小环境和周围人们品格的影响。营销人员在社会通路容量极限之内,通过掌握外部环境的变化就可以直接促使流行风潮的到来。

腾讯集团的QQ绝对是中国IT业最成功的商业故事之一。仅仅依靠朋友之间的相互推荐,QQ就从一个小小的共享软件,在几年内用户呈数量级的增长,成为一家成功的上市企业,目前更是开拓了移动增值服务和线下增值服务等"金矿"。

引爆点:QQ在中国最早期的那一部分用户就是最好的"内行""联系人""推销员",

他们会跟每一个老朋友、很久不见的朋友、半生不熟的朋友、新认识的朋友推荐 QQ 这种聊天工具。当然，QQ 的"联系人"和"推销员"也是越来越多，而且产品本身也满足了当时人们交流的欲望。

四、老年服装市场：以客户群体为主制定营销策略

消费心理是消费者在满足消费需要活动中的思想意识，它支配着消费者的购买行为。人进入老年后，由于生理器官的变化，必然地引起心理上的变化。研究老年人的心理特征，有助于了解和掌握老年人的消费心理，为企业的营销决策提供依据。

某服装企业在为老年人提供服装时采用了以下一些营销措施：

（1）在广告宣传策略上，着重宣传产品的大方实用、易洗易脱、轻便宽松。

（2）在媒体的选择上，主要是电视和报纸杂志。

（3）在信息沟通的方式方法上，主要是介绍、提示、理性说服，避免炫耀性、夸张性广告，不邀请名人明星。

（4）在促销手段上，主要是价格折扣、展销会。

（5）在销售现场，生产厂商派出中年促销人员，为老年消费者提供热情周到的服务，为他们详细介绍商品的特点和用途，若有需要，就送货上门。

（6）在销售渠道的选择上，主要选择大商场，靠近居民区，并设立了老年专柜或老年店中店。

（7）在产品的款式、价格、面料的选择上，分别采用了以庄重、淡雅、民族性为主，以中低档价格为主，以轻薄、柔软为主，适当地配以福、寿等喜庆寓意的图案。

（8）在老年顾客的接待上，厂家再三要求销售人员在接待过程中要不徐不疾，以介绍质量可靠、方便健康、经济实用为主；在介绍品牌、包装时，注意顾客的神色、身体语言，适可而止，不硬性推销。

某一天，在该厂设立的老年服装店里来了四五位消费者，从他们亲密无间的关系上可以推测出这是一家子，并可能是专为老爷子来买衣服的。老爷子手拉一位十来岁的孩子，面色红润、气定神闲、怡然自得，走在前面，后面是一对中年夫妇。中年妇女转了一圈，很快就选中了一件较高档的上装，要老爷子试穿；可老爷子不愿意，理由是价格太高、款式太新。中年男子说反正是我们出钱，你管价钱高不高呢。可老爷子并不领情，脸色也有点难看。营业员见状，连忙说，老爷子你可真是好福气，儿孙如此孝顺，你就别难为他们了。小男孩也摇着老人的手说好的好的，就买这件好了。老爷子说小孩子懂什么好坏，但脸上已露出了笑容。营业员见此情景，很快地将衣服包装好，交给了中年妇女，一家人高高兴兴地走出了店门。

经过这 8 个方面的努力，该厂家生产的老年服装很快被老年消费者所接受，销售量急剧上升，企业获得了很好的经济效益。

五、没有疲软的市场，只有疲软的产品："金嗓子"走向全国的奥秘

（一）背景资料

金嗓子喉宝，一种由广西金嗓子制药厂利用中国中草药制成的保健咽喉糖含片，问世仅仅四五年，即从强手如云、竞争激烈的咽喉含片市场中脱颖而出。当年，其畅销全国，年销售额3亿元，占据全国市场前列，并仍保持迅猛的发展趋势，产品的知名度、美誉度名列同类产品前茅。

（二）基本案情

20世纪90年代初，糖果行业产品滞销，竞争激烈，成本上升，假冒产品横行，冲击市场，大部分糖果厂面临困境，一些厂子已经倒闭。这时江佩珍与助手们在中央一位主管经济的领导的指导启发下，毅然决定开发难以假冒的高科技产品，并从糖果行业转向利润较高的制药行业，成立了金嗓子制药厂，这次转危为安，使其在激烈的市场竞争中站稳脚跟。其成功的原因很多，其中主要因素有以下几方面。

1. 根据需求开发产品

（1）产品研制。20世纪90年代初期和中期，咽喉片市场经历了数十年的广告大战之后，各品牌均已确立统治地位。草珊瑚、西瓜霜、健民咽喉片等已经占有市场的大部分份额，新产品虽层出不穷，但均未能撼动它们的统治地位。然而，在市场研究中，咽喉片均为药粉压制而成，一含即溶，很难较长时间在咽喉部保持药效。含片一般较小，药量不足，对急性咽喉炎或咽喉部不适者如不大量施药，见效较慢，而润喉糖无治疗作用。这样，两类产品之间存在一空缺，即中间性治疗保健产品。

对潜在消费者更进一步的研究表明，一种能在短时间内产生良好抑制咽喉不适效果，治疗急性咽喉炎，较长时间保持作用的含片式是受大众欢迎的产品。于是，江佩珍厂长到上海求援，找到了华东师范大学的王教授，共同开发出了新产品——喉宝。

一种含有多种中草药成分，能在短时间内对咽喉炎症产生强烈抑制作用、效果良好、显效时间长和附加值高的咽喉含片为适应市场需要而诞生了。

（2）产品的命名和包装。当时，一般同类产品均称含片和喉片，在新产品推出上，若按旧的思维定式，在资金短缺、知名度为零、各方面条件无法与老牌药厂竞争的情况下，是无法打开市场并在短时间内成为名牌产品的。因此，在命名上，用"喉宝"区别普通喉片，用"金嗓子"作为品牌名字，有直接强烈的功效暗示及美誉品牌的作用。

包装上，针对同类产品一般用小塑料盒装，分量不足的特点，采取了10片两包装，用金黄做基本色，区别于其他同类产品。

综上所述，金嗓子喉宝的研制、命名和包装是在了解了消费者需求基础上进行的，改变了过去"我有一产品，应设法让大家接受"的观念，而是"消费者需要这种产品，我就研制这样的产品进行相应的命名和包装，以满足其需要"。

2. 定价研究与决策

原有产品的定价都是计划经济的产物,因此定价极低。当时,零售价一般为 2 元/盒,而进口同类产品价高至 16 元/盒,又超过了普通人的消费水平。通过市场调查发现,人们心理上能接受的价格是 5～6 元/盒,从而确定了零售价为 5～6 元/盒,并根据其见效快、高品质的特点将金嗓子喉宝定价为中价质优的咽喉医疗保健品。

3. 消费者行为分析

对消费者心理及消费倾向的研究表明:

(1)消费者在购买咽喉片之类的产品时,大部分是从医院获得,其余才从药店购买,主要原因是公费医疗。但金嗓子喉宝只能进药店,因此改变消费者的消费习惯显得尤为重要。

(2)潜在消费者分析:主要人群——烟酒爱好者、足球爱好者、空气污染严重的地区的人群、爱好唱歌者、推销员、教师、导游等。性别——男性居多。年龄——不愿进医院开处方、怕麻烦的人,以 20～40 岁居多。

(3)潜在消费者的行为分析:外向,喜欢卡拉 OK、足球,喜吸烟喝酒、讲话,不爱去医院,怕麻烦,经济状况良好。

(4)潜在消费者接触最多的媒体及场所分析:喜欢体育新闻、时事新闻,常看报纸、电视;厂区球场、餐厅、卡拉 OK 厅。

(5)当时国内影响最大的活动:时兴自我娱乐,卡拉 OK 自唱;足球热,人们关注球市兴衰、球队命运;股市火爆,数千万股民关注股市;喝酒吸烟热,尤其是盛行喝白酒。

4. 便利性营销通路的形成——建立高效的营销网络

(1)寻找真正的潜在消费者,根据目标消费者进行销售布点。

(2)终端是沟通消费者、获得宝贵反馈信息、进行直接促销的关键环节。

(3)顺应消费者潮流、便利消费者是最终策略,金嗓子喉宝进入游泳点、机场、车站、商店、药店等便利店,渗透到千家万户门口。

六、丽华快餐:好饭好菜送上来

"红高粱"挑战麦当劳的雄心壮志,是非常遥远的回忆了;但中国真的出现了自己的大规模快餐销售企业——丽华快餐。

丽华快餐没有选择中式快餐连锁店,而是选择了竞争程度相对较低的工作快餐市场。丽华的成功,改变了人们对工作快餐市场作坊式操作、低价位、低利润、无法标准化操作的成见。

丽华为了实现规范流程、快速供应,在国内率先采用电脑接线传输系统和无线电对讲系统等手段,还引入了中文寻呼系统,成为中国最早使用电脑网络下单的快餐公司之一;丽华还大胆地让客户采用手机短信订餐,以白领为主要目标消费群体的丽华,采用高科技手段实现了订餐的标准化。

因为实现了规模效应,丽华还在工作快餐市场上,第一个使用大众传媒——电视广告和平面广告与目标消费群体进行沟通。

七、脑白金:吆喝起中国礼品市场

在中国,如果提到"今年过节不收礼",随便一个人都能跟你说"收礼只收脑白金",脑白金已经成为中国礼品市场的第一代表。

睡眠问题一直是困扰中老年人的难题,因失眠而睡眠不足的人比比皆是。有资料统计,当时国内至少有 70％的妇女存在睡眠不足的现象,90％的老年人经常睡不好觉,"睡眠"市场如此之大,脑白金功能快速定位。然而,在红桃 K 携"补血"、三株口服液携"调理肠胃"概念创造中国保健品市场高峰之后,在保健品行业信誉跌入谷底之时,脑白金单靠一个"睡眠"概念不可能迅速崛起。然而,作为单一品种的保健品,脑白金以极短的时间迅速启动市场,并登上中国保健品行业"盟主"的宝座,引领我国保健品行业长达 5 年之久。其成功的最主要因素在于找到了"送礼"的轴心概念。

中国素称礼仪之邦,有年节送礼,看望亲友、病人送礼,公关送礼,结婚送礼,下级对上级送礼,年轻人对长辈送礼等几十种送礼行为,礼品市场何其浩大。脑白金的成功,关键在于瞄准了庞大的礼品市场,而且先入为主地得益于"定位第一"法则,第一个把自己明确定位为"礼品"——以礼品定位引领消费潮流。

八、喜力啤酒:锁定消费群体,快速扩张

20 世纪 90 年代中期,荷兰喜力啤酒公司进入中国市场。当时在中国生产啤酒的外国品牌有 28 个,中外合资的有 92 个,产量占国内总产量的 16.7％。世界知名的品牌就有富仕达、嘉士伯、蓝带、百威等,各大巨头几乎聚集,中国市场如战场。

经过几年的"硝烟战火",不少公司被淘汰出局。1998 年,澳大利亚的富仕达卖掉了它在珠海的工厂,某新西兰公司声称要完全退出中国。2000 年 8 月,一条消息震撼了整个中国啤酒界,世界第五大啤酒企业嘉士伯集团在上海的工厂被青岛啤酒收购。

在这激烈的竞争中,喜力啤酒是如何生存下来并越做越好的呢？品牌形象的建立和有效的传播是喜力成功的重要因素。一个优秀的品牌不仅有良好的品质,更要传递给消费者一种文化和理念,在品牌的宣传与推广中形成自己的特色。

喜力啤酒的目标消费群众主要是高收入人士,所以喜力公司对网球这一贵族运动显得情有独钟。过去喜力一直局限在赞助,如澳洲网球公开赛、美国网球公开赛和戴维斯杯赛这一类一流赛事上,而现在,它已经开始自己举办网球赛。在中国市场,它在 1998 年创办了上海网球公开赛,这是中国首个国际级网球锦标赛。此次赛事,云集了如诺曼、张德培等国际一流选手,比赛过后,喜力的销量一下增加了 30％。喜力另一个值

得称道的地方就是它富有特色的广告。

20 世纪 80 年代初期,喜力就在《中国民航》上做广告,到 2000 年 7 月,喜力在中国啤酒市场的广告费用排行榜上已列第四位,为 223 万元。相比之下,国产啤酒在品牌管理和广告宣传上还有很多路要走。2021 年,喜力基本已经覆盖了中国市场。

九、抢滩点:选取广州作为最先的目标市场

P&G 选择广州抢滩登陆,将其在大陆市场的总部设在广州,然后逐渐向沿海地区(上海等地)扩展,是别具匠心的。

20 世纪 80 年代的广州是中国改革开放的前沿阵地,具有优越的投资环境和优惠的投资政策。广州地处珠江三角洲腹地,毗邻香港、澳门,享有得天独厚的地理优势,是中国 14 个沿海开放城市之一。这里优越的投资环境以及发展高新技术产品和高档居民消费品的特别优惠政策,再加上良好的城市设施,每年举行两次的商品交易会吸引着大批的海外投资者。灵活开放的政策给广州的经济带来了空前的繁荣,使广州成为外商竞相投资的热点地区。

广州是中国的先导消费区域,消费潮流全国领先。中国的消费品市场很大,各地区间的消费水平发展不平衡,这是由各地区所受到的外来影响程度不同,收入水平和消费方式的明显差异造成的。广州作为起先导作用的消费地区引起了外商的特别关注。经济的繁荣带来了广州居民人均年收入的显著增加和人均消费水平的不断提高,形成了强大的购买力。

广州发展至今,已在传统文化的基础上形成了自身鲜明的特点和风格——"崇实、开放、进取、创新",广州居民对外来文化的涌入更是持有一种善于兼收并蓄的学风和积极引进、消化的态度。广州比内陆地区更注重中外文化的纵深拼接和汇流,深刻地影响着广州消费者的消费心理和方式。广州地区成为国内消费水平和购买力居高的代表性区域,也将是高档产品进入普通居民家庭的先导性市场。

十、抓住新一代:目标市场的选取

P&G 广告画面多选用年轻男女的形象,展示年轻人追求浪漫的幻想,崇尚无拘无束和富有个性色彩的生活画面,并针对年轻人的心理配上如"滋润青春肌肤,蕴含青春美"等广告语。P&G 选择青年消费群作为其目标市场,是看中了青年人的先导消费作用。

在中国大陆消费者中,消费心理和方式显而易见地发生了较大变化的首先是青年消费者。青年人带动了消费主义运动的兴起,改变了人们传统的生活态度和节俭观念,刺激着人们的消费欲望和财富欲望。对于许多大陆人,特别是青年消费者来说,追求享受和享乐不再是可耻和肮脏的念头,而是堂而皇之树立和追求的人生目标。青年人求

新、好奇、透支消费、追求名牌、喜欢广告、注重自我等心理正先导性地改变着大陆的消费习惯和行为。

P&G选取青年人崇拜的青春偶像郑伊健、张德培以及具有青春活力的年轻女孩作为广告模特；举办"飘柔之星全国竞耀活动"展示年轻女性的真我风采，以及围绕青年所开展的一系列促销活动，如"海飞丝美发亲善大行动"等充分表明了它抓住新一代的定位意图，而它卓著的市场业绩也充分证明了其目标市场定位的正确性。

十一、奇瑞QQ："年轻人的第一辆车"

"奇瑞QQ卖疯了！"在北京亚运村汽车交易市场2003年9月8日至14日的单一品牌每周销售量排行榜上，奇瑞QQ以227辆的绝对优势荣登榜首！奇瑞QQ能在这么短的时间内拔得头筹，归结为一句话：这车太酷了，讨人喜欢。在北京街头已经能时不时偶遇"奇瑞QQ"的靓丽身影了，虽然只是5万元的小车，但是"奇瑞QQ"那艳丽的颜色、玲珑的身段、俏皮的大眼睛、邻家小女儿般可人的笑脸，在滚滚车流中是那么显眼，仿佛街道就是她一个人表演的T型台！

奇瑞汽车公司成立于1997年，全称上汽集团奇瑞汽车有限公司。公司拥有整车外形等10多项专利技术，先后推出了SQR系列发动机和"奇瑞·风云"系列轿车，2003年4月推出"奇瑞·QQ"系列和"奇瑞·东方之子"系列轿车。

奇瑞汽车公司成立以来，在不到两年的时间里顺利实现3万辆轿车下线。2002年，奇瑞轿车产销量双双突破5万辆，比上年同比增长78.11%，在国内汽车市场占有率达到4.4%，成功跻身国内轿车行业"八强"之列，成为行业内公认的车坛"黑马"。与此同时，奇瑞轿车还连创5个国内第一，6次走出国门，以自己的不懈努力创造了中国汽车史上的奇迹。

（一）微型车行业概述

微型客车曾在20世纪90年代初持续高速增长，但是自90年代中期以来，各大城市纷纷取消"面的"，限制微客，微型客车至今仍然被大城市列在"另册"。同时，由于各大城市在安全环保方面的要求不断提高，成本的抬升使微型车的价格优势越来越小，因此主要微客厂家已经把主要精力转向轿车生产，微客产量的增幅迅速下降。

在这种情况下，奇瑞汽车公司经过认真的市场调查，精心选择微型轿车打入市场。它的新产品不同于一般的微型客车，是微型客车的尺寸，轿车的配置。QQ微型轿车在2003年5月推出，6月就获得良好的市场反应，到2003年12月，已经售出28'000多辆，同时获得多个奖项。

（二）QQ上市之路

2003年4月初，奇瑞汽车公司开始对QQ的上市做预热。在这个阶段，通过软性宣传，传播奇瑞汽车公司的新产品信息，引发媒体对QQ的关注。由于这款车的强烈个性特征和最优的性价比,媒体自发掀起第一轮的炒作,吸引了消费者的广泛关注。

2003 年 4 月中下旬,蜚声海内外的上海国际车展开幕,也是通过媒体,告知奇瑞 QQ 将亮相于上海国际车展,与消费者见面,引起消费者更进一步的关注。就在消费者争相去上海车展关注奇瑞 QQ 的时候,奇瑞 QQ 以未做好生产准备为由没有在车展上亮相,只是以宣传资料的形式与媒体和消费者见面,极大地激发了媒体与公众的好奇心,引发媒体第二轮颇有想象力的炒作。在这个阶段,厂家提供大量精美的图片资料给媒体炒作,引导消费者对奇瑞 QQ 的关注度走向高潮。

2003 年 5 月,上市预热阶段,就在消费者和媒体对奇瑞 QQ 充满了好奇时,公司适时推出奇瑞 QQ 的网络价格竞猜,在更进一步引发消费者对产品关注的同时,让消费者给出自己心目中理想的奇瑞 QQ 的价格预期。网上的竞猜活动,有 20 多万人参与,当时普遍认为 QQ 的价格应该在 6～9 万元。

2003 年 5 月底,上市预热阶段结束,奇瑞 QQ 的价格揭晓了——4.98 万元,比消费者期望的价格更吸引人。这个价格与同等规格的微型客车差不多,但是从外观到内饰都是与国际同步的轿车配置。此时媒体和消费者沸腾了,媒体开始了第三轮自发的奇瑞 QQ 现象讨论,消费者中也产生了奇瑞 QQ 热,此时人们的心情就是尽快购买。

这时奇瑞公司宣布:QQ 是该公司独立开发的一款微型轿车,因此消费者在购车时不必多支付技术转让费用。这为 QQ 树立了很好的技术形象,给消费者吃了一颗定心丸。

2003 年 6 月初,上市阶段,消费者对奇瑞 QQ 的购买欲望已经具备,媒体对奇瑞 QQ 的关注已经形成,奇瑞 QQ 自身的产能也已具备,开始在全国同时供货,消费者势如潮涌。此阶段,一边是大批量供货,一边是借助平面媒体,大面积刊出定位诉求广告,将奇瑞 QQ 年轻时尚的产品诉求植根于消费者的脑海。除了平面广告,同时邀请了专业的汽车杂志进行实车试驾,对奇瑞 QQ 的品质进行更深入的真实报道,在具备了强知名度后进一步加深消费者的认知度,促进消费者理性购买。

2003 年 6 月中下旬,上市阶段,奇瑞 QQ 在全国近 20 个城市同时开展上市期的宣传活动,邀请各地媒体,对奇瑞 QQ 进行全面深入的报道,保持对奇瑞 QQ 现象持续不断的传播。

2003 年 7—9 月,奇瑞 QQ 开始了热卖阶段,这阶段的重点是持续不断刊登全方位的产品诉求广告,同时针对奇瑞 QQ 目标用户年轻时尚的个性特点,结合互联网的特性,联合新浪网,推出"奇瑞 QQ"网络 flash 设计大赛,吸引目标消费者参与。

2003 年 10 月,这时奇瑞 QQ 已经热卖了 3 个多月,在全国各地都有相对的市场保有量。这时,厂家针对已经购车的消费者开展了"奇瑞 QQ 冬季暖心服务大行动",为已经购车的用户提供全方位服务,以不断提高消费者对奇瑞 QQ 产品的认知度及对奇瑞品牌的忠诚度。

2003年11月下旬,厂家更进一步针对奇瑞QQ消费者时尚个性的心理特征,组织开展了"QQ秀个性装饰大赛"。由于"奇瑞QQ"始终倡导"具有亲和力的个性"的生活理念,因此在当今社会的年轻一代中深获共鸣。从这次个性装饰大赛中不难看出,"奇瑞QQ"已逐渐成为年轻一代时尚生活理念新的代言者。令人惊喜的外观、内饰、配置和价格是奇瑞公司占领微型轿车这个细分市场成功的关键。

（三）市场细分

奇瑞QQ的目标客户是收入并不高但是有知识有品位的年轻人,同时也兼顾有一定事业基础、心态年轻、追求时尚的中年人。一般大学毕业两三年的白领都是奇瑞QQ潜在的客户,人均月收入2000元即可轻松拥有这款轿车。许多时尚男女都因为QQ的靓丽、高配置和高性价比就把这个可爱的小精灵领回家了,从此与QQ成了快乐的伙伴。

奇瑞汽车公司有关负责人介绍说,为了吸引年轻人,奇瑞QQ除了轿车应有的配置,还装载了独有的"I-say"数码听系统,成了"会说话的QQ",堪称目前小型车时尚配置之最。据介绍,"I-say"数码听是奇瑞汽车公司为用户专门开发的一款车载数码装备,集文本朗读、MP3播放、U盘存储多种时尚数码功能于一身,让QQ与电脑和互联网紧密相连,完全迎合了离开网络就像鱼儿离开水的年轻一代的需求。

（四）品牌策略

QQ的目标客户群体对新生事物感兴趣,富于想象力,崇尚个性,思维活跃,追求时尚。虽然出于资金的考虑,他们崇尚实际,对品牌的忠诚度较低,但是对汽车的性价比、外观和配置十分关注,是容易互相影响的消费群体。从整体的需求来看,他们对微型轿车的使用范围要求较多。奇瑞把QQ定位于"年轻人的第一辆车",从使用性能和价格比上满足他们通过驾驶QQ所实现的工作、娱乐、休闲、社交的需求。

奇瑞汽车公司根据对QQ的营销理念推出符合目标消费群体特征的品牌策略,在产品名称方面,QQ在网络语言中有"我找到你"之意,突破了传统品牌名称非洋即古的窠臼,充满时代感的张力与亲和力,同时简洁明快,朗朗上口,富有冲击力;在品牌个性方面,QQ被赋予了"时尚、价值、自我"的品牌个性,将消费群体的心理情感注入品牌内涵。另外,引人注目的品牌语言:富有判断性的广告标语"年轻人的第一辆车",及"秀我本色"等流行时尚语言配合创意的广告形象,将追求自我、张扬个性的目标消费群体的心理感受描绘得淋漓尽致,与目标消费群体产生情感共鸣。

十二、"小灵通"打破双寡头垄断

在小灵通进入通信行业以前,中国的通信市场基本是中国移动公司和联通的天下。中国移动占据了中国移动通信市场80%以上的份额,规模至少是联通的3倍,其全球通品牌更是囊括了中国手机用户中95%的高端用户,手机号段占据从139到135共5个段位;中国联通只有一个 130 号段,而且用户还主要集中在中低端,盈利能力根本不能和中国移动相比。所以 2002 年以前,中国通信市场看似是双寡头垄断的局面,其实本质上还是中国移动一头独大的形势,联通很难和中国移动相提并论。进入 2002 年,中国联通通过网络通信技术码分多址(code division multiple access,CDMA)开始对移动通信市场进行大规模进攻,希望扩大自己的市场份额并试图争夺中国移动的用户。对于价格,双方都采取静观其变的态度,这种双方博弈的局面直到小灵通上市后被彻底打破。

小灵通正式开始在部分内地放号后,业界、媒体、社会的反应可谓激烈,褒贬不一。有的说,小灵通技术落后,先天不足,早被国外所淘汰;有的说,小灵通只会扰乱市场,应当全面禁止流入城市;有的说,小灵通来得好,是广大消费者的福音;也有的说,这是中国电信拆分之后杀的回马枪,想夺回失去的天堂;等等,不一而足。然而,小灵通在占领内地市场后迅速在广州、上海和北京 3 地快速扩张,受到中、低端用户的欢迎。

小灵通的核心竞争力是价格低廉,能够吸引农村乡镇的低端用户。于是,中国电信加大攻势,提高农村覆盖率,推广小灵通业务,促使小灵通在农村的市场占有率大大提高,让移动通信望尘莫及。

在占领农村市场的同时,小灵通也加快了进城步伐,继续在中小城市与移动争夺用户,撒手锏还是价格。移动通信各种费用每月少说也要上百元,这对于人均每月收入 400 元到 600 元的中小城市来说,仍是一种高消费。而小灵通就不一样了,价格低,也很适合这些中小城市市民的需要。同时,在中小城市,高端、次高端移动用户已经趋向饱和,用得起移动电话的,都已经开通了,而没有开通的,则多数是用不起或者不想用移动电话,这些就成了小灵通的广阔市场。

小灵通即个人接入系统(personal access system,PAS),它是 UT 斯达康公司利用个人手机系统(personal handyphone system,PHS)技术,将市话传输交换与无线接入技术有机结合在一起,利用市话的交换传输资源,以无线方式提供给一定范围内具备移动漫游性能的个人通信终端。简而言之,小灵通就是通过一定的技术手段,将原来只能固定使用的电话改变成为随身携带和移动使用。它是一种人们将流动市话定位于本地市话网的补充的延伸,是市区内的无线流动市话。小灵通手机轻巧精美,携带方便,可以移动使用;采用微蜂窝技术,手机只有 10 毫瓦的发射功率,对人体安全健康无伤害;用户能在市区内随时随地通话,提高市话利用率;作为市话的延伸和补充,小灵通手机的电话号码和固定电话的号码编码方式相同,可以用它拨打市内电话和国内、国际长途,话费和优惠政策也和固定电话相同。

投资与建设周期是针对电信运营商来说的竞争优势。小灵通共用固定电话的交换机,利用现有的固定电话网络资源,电信运营商所投入的就只有基站和简单的交换机扩容,投资很少,建设周期也很短,而投资回报却很多。移动通信则不同,交换、网络、基站等都要另起炉灶,大张旗鼓地铺开建设,投资动辄数十亿数百亿元,时间短则一年两年,长则五年十年,投资回报时间则更长。所以,在投资与回报这一点上,小灵通也具有明显的优势。

　　小灵通之所以能够挑战中国移动和中国联通,关键是它一出现就普遍受到全国广大消费者,包括村镇和大中小城市用户的热烈欢迎和青睐,用户对它的廉价成本和低收费标准、环保和使用方便,深表好感。这也许就是所谓的"适者生存"吧,无可非议。小灵通的出现使得全球通(global system for mobile communications,GSM)和CDMA要想保持其市场份额不降,唯一的办法是顺应市场经济潮流,改变不合理的收费制度。对此,移动和联通分别降低了收费:在部分地区,CDMA133与GSM130用户每分钟的本地通话费用都大幅降低,由原来的0.4元降至0.25元。不仅如此,北京联通还推出"全业务付费卡",用户只需拨打96533或1001,就可对联通所有业务进行充值付费。全业务付费卡适用于包括CDMA133后付费用户、GSM130后付费用户、联通用户、193注册用户、17911注册用户、165注册用户及联通寻呼用户。北京移动在周边10个郊区县推出了"开心套餐"业务,分为4种,每月12元可接听100分钟来电;每月30元可接听300分钟来电;每月50元可接听600分钟来电;每月60元可接听1000分钟来电。

　　为了摆脱价格低、技术落后的阴影,小灵通一直寻求技术上的突破,经设备制造商的多年努力,小灵通已今非昔比。中兴通讯上海研发中心已成功开发出一种全新的小灵通手机上网技术,使小灵通用户可以直接通过手机浏览互联网,这项技术使小灵通用户可以用手机直接浏览任何现有web站点,而不是局限于定制的几个站点。同时,它还支持标准的超文本标记语言(hyper text markup language,HTML)/已编译的HTML(compiled HTML,CHTML),现有网站只要将现有网页稍做版式调整就可使手机用户浏览起来更为方便,没有复杂的技术,使得更多的ICP能为小灵通用户提供丰富多彩的业务。此外,这套系统是一套独立的业务系统,可应用在全国任何一个城市的小灵通网络上,为小灵通用户提供web浏览业务。这无疑给小灵通注入了新鲜的元素,一改往日技术落后的形象。在力求权变的思维模式下,中国移动和中国联通绝不会坐以待毙,这场竞争将会愈演愈烈,直到原来的成本、利润和市场份额等原有模式彻底被打乱,并在新的行业格局重建后趋于平衡,但是原有的双寡头的局面一如明日黄花,风采不在。

　　但就目前中国的通信行业来看,这场价格战是否能进行到底,这场战争何时尘埃落定,还是个未知数。分析人士不断追问:如果中国电信和中国网通如期在2003年年底前获得第三代移动通信技术(3G)牌照,它们将如何应对?面对尚未可知的3G市场,小灵通该采取什么战略来应对机遇和风险?

　　针对这些问题,小灵通也自有一番举措:

　　对"高校一族"的学生相应调低价格,可降低裸机价格或免收入网费等。对"时尚族"应该抓住无线市话具备"时尚性"这个特点。差异化营销策略应该抓住"时尚族"的心理特征,力求做到"新""变",在不同时候、不同场合、不同心情、不同衣着情况下,给无线市话穿上缤纷的彩衣。对"工薪族",产品价格和服务质量是营销策略不可忽视的两大支柱,它的单项收费和"移动市话"空间是吸引"工薪族"的重要优势。无线市话在价格方面仍有向下浮动的空间。可考虑借助特定的销售活动,在特别的日子降价销售。产品质量包括在硬件方面和软件方面。目前的症结在于在网络覆盖、通话质量上商家应花大力气攻克技术难关。对活动范围不定的"流动族",安装固定电话有诸多不便与不经济等特点,宣传导向应突出无线市话采用无线接入技术,能方便实现移动通话的优点,结合其具体情况有针对性地开展营销活动。例如,在集贸市场等非固定商业区,组织专业销售人员上门服务,方便个体商贩。同时,利用商业区人员集中、流动性大等特点进行产品推广。对于临时电话用户等只需短期使用者,可开展租赁服务。

通过市场调查报告分析可知,对于大部分消费者而言,电信营业厅和电信代办点仍然是最重要的销售渠道(占 83.2%)。在电信营业厅可进一步增设小灵通销售专柜,注意销售人员的形象,提高服务质量,并开设小灵通不同机型的展览和说明专栏,让消费者(现有的或潜在的)在电信营业厅就可以进一步加深对其的了解,从而激发他们的购买需求。但电信营业厅数量毕竟有限,为了方便顾客的购买,建议适当增加代办网点,开发下列销售渠道:

(1)高校代销。从前面的分析中可以看出,遍布全国各地的高校是一个巨大的潜在通信用品的销售市场,这部分消费者属于年轻消费群体,消费特征前面已做了详细分析。

(2)邮政局代办。邮政具有"点多、线长、面广"的特点,相对于电信局(所)而言,邮政局(所)的分布更加广泛,从繁华都市到偏远城镇无处不在。长期以来,邮政在广大消费者心目中有良好的信誉,而且邮政和电信分营不久,在普通市民眼中,"邮"与"电"仍是一个整体概念,由邮政局代销更易于被老百姓接受。从合作双方来看也具有合作的经验与基础,因而"邮"与"电"联手开拓通信市场具有很强的可行性。除此以外,还可通过邮政相关业务开展商函广告、明信片广告等多种多样的广告宣传。

从其目前的市场表现看,小灵通进入通信市场后,在引入竞争的同时,也带动了市场的繁荣。自从有了小灵通,中国移动、中国联通更加注重改善服务,引进新技术,推出新服务。越来越多的移动、联通客户感觉到这两家公司的服务有了明显改进,推出的各种资费套餐也越来越实惠。

市场是检验产品的最终力量。小灵通依赖单纯的价格优势,能后发制人,在移动、联通两大巨头的夹击之下茁壮成长,说明消费者对其的认可。与此同时,移动和联通公司面对小灵通的来势汹汹,也放弃了高高在上的市场形象,开始扮演"用心服务"的角色,不断推出令手机用户满意的新业务。从这个角度看,小灵通的最大贡献在于其打破了通信价格的垄断,促进了通信市场的竞争,让老百姓得到了真正的实惠。

十三、日本资生堂的经营之道

日本的资生堂公司为了更好地推销化妆品,从 1987 年开始组织专门机构对十七八岁至 40 岁左右的女性进行调查分析。被调查的女性按年龄分成 4 种类型:第一类是十七八岁的女学生,她们正处于"青春好时机",注重打扮,追求时髦,但由于财力有限,常常购买单一的化妆品。第二类是 20 多岁的女青年,她们对化妆品要求强烈,正处于"谈情说爱时机",由于自己有收入,因此只要商品中意,价格高些也无妨,喜欢购买整套化妆品。第三类是 30 岁左右的妇女,已处于"美满小家庭时机",化妆已成为她们日常生活的习惯,但由于开始当家,对价格很敏感。第四类是 40 岁左右的中年妇女,她们中间对化妆品的需求心理差距很大,但一般都购买单一化妆品以"填平补齐",不太再去买成套化妆品。根据这一"年龄分类"的心理研究,资生堂公司分别采取了不同的销售策略,力求使化妆品的式样、包装、价格、数量和质量都能适应不同类型的消费者的特点和需要,还专门设立了各种年龄的化妆品专柜,积极推销宣传,受到了消费者的欢迎。

十四、农夫果园,喝前摇一摇

两个身着沙滩装的父子在一家饮料店前购买饮料,看见农夫果园的宣传画上写着一句"农夫果园,喝前摇一摇";于是父子举起双手滑稽地扭动着身体,美丽的售货小姐满脸狐疑地看着他俩;(镜头一转)口播——农夫果园由 3 种水果调制而成,喝前摇一摇;两个继续扭动屁股的父子走远。

在市场不断喊出"多喝多漂亮"的口号,康师傅、健力宝、汇源等也纷纷采用美女路线,一下子美女如云。而农夫果园则出手不凡,运用了差异化策略,以一个动作作为其独特的品牌识别——"摇一摇"。"摇一摇"是一个绝妙的潜台词。"农夫果园由 3 种水果调制而成,喝前摇一摇。""摇一摇"最形象直观地暗示消费者它是由 3 种水果调制而成,摇一摇可以使口味统一。更绝妙的是无声胜有声地传达了果汁含量高这样一个概念——因为果汁含量高,摇一摇可以将较浓稠的物质摇匀。

在农夫果园打出这句广告语之前,许多果汁饮料甚至口服液的产品包装上均会有这样一排小字——"如有沉淀,为果肉沉淀,摇匀之后请放心饮用"。其实这是一个很好的卖点——它证明产品的果汁含量高,但这样的语言在各种包装上已经有很多年了,从来没有人关注过角落里的"丑小鸭",农夫果园发现了这只白天鹅,并把她打扮一新包装成了明星——一句绝妙的广告语"喝前摇一摇",变成了一个独特的卖点。

同时,在感性认同上,"摇一摇"使得宣传诉求与同类果汁产品迥然不同,以其独有的趣味性、娱乐性增添消费者的记忆度。

十五、海尔:产品开发与市场开发一体化

在产品开发与市场开发上,许多企业存在着极不协调的现象:产品开发人员热衷于

"闭门造车"搞开发,销售人员对新产品的销售不感兴趣,两个部门好像互不相关的两驾马车。原因很简单:产品开发人员按照"我能开发什么就开发什么"的思路去开发,开发出来的产品,市场不一定需要;产品销路不好,销售人员付出了双倍的努力,拿不到相应的报酬,当然没有积极性。

海尔则是另一番景象:产品开发人员走出设计室,主动到市场调查,主动与营销人员沟通,了解客户难题,根据客户难题申请产品开发课题,进行开发研制;因为新产品能解决客户难题,深受客户欢迎,销售人员积极性高涨,市场得以迅速扩张……这不仅仅是靠理念引导,也有利益的吸引。

"开发人员以技术入股方式在所开发的产品中享有分红权。"正是这样一种机制,保证了海尔新产品层出不穷:小神童洗衣机、彩色冰箱、沙漠空调、耐热空调、耐冷空调等。

十六、爱立信手机:反应迟缓,屡失良机

2001 年 10 月,索尼手机和爱立信手机合并的时候,双方高层为这个合资公司制定了"高原"目标——5 年内成为移动多媒体产品业界全球第一。爱立信集团总裁兼首席执行官柯德川在合并时表示:"爱立信和索尼强强联手、互有所长。这家合资公司在世界通信业向移动互联网迈进的发展中将处于独一无二的领导地位。"然而互补性在合资公司成立的前一年半时间内并没有显现出来,倒是 2003 年 3 月传出消息,曾为索尼爱立信手机的合并描下美好蓝图的柯德川黯然"下课",间接证明索尼爱立信的合并,并未达到理想效果。

市场研究机构提供的数据更是证实索尼爱立信手机市场表现异常糟糕。2002 年 3 季度,索尼爱立信全球销量比 2001 年同期两公司的销量下降约 40%,而同期却成了诺基亚和摩托罗拉的丰收之期。

在全球最大的中国手机市场上,2002 年国产手机迅速崛起,如波导、TCL、夏新等本土新贵。而曾经占据中国市场 30% 份额的爱立信手机表现不佳——研究数据显示,爱立信的市场占有率自 2001 年年底的 11% 降至 2002 年 6 月底的 2% 不到。索尼爱立信怎么了? 反应速度慢、工作效率低下、缺乏明确的市场应对措施是其糟糕表现的主要原因。

在手机已经完全成为时尚产品的今天,新机型和新概念产品必须不断推出,才能保持住市场领先地位。而索尼爱立信 2002 年推出的新机型数量偏少,其推出换代概念产品的速度也严重落后。以拍照手机为例,曾被爱立信寄予厚望的 T800,其上市日期一推再推,与此形成鲜明对比的是,甚至国内的一些二线手机厂商都早已经推出了同类产品。

在中国市场上,面对急速崛起的新贵,处于磨合期的索尼爱立信不但没有采取应对措施,更几乎停滞了其市场宣传工作,销量急速下滑并不奇怪。效率低下、反应迟缓,也

许正是索尼爱立信手机在 2002 年"败走麦城"的原因。

十七、让功能性产品为你重铸辉煌:复读机案例实证分析

21 世纪初,据抽样调查,使用录音磁带的复读机、随身听和家用收音机三大类产品在同类产品市场上分别占有 46.5%、50.1% 和 3.4% 的份额,两大新产品系列基本上各占"半壁江山",而传统家用收音机可以认为基本上接近于被淘汰。

随身听是我国从日本直接引进的新产品,它以便于携带、立体声耳机和时尚化的优势成为台式/手提式收音机的替代品,而复读机却是我国自主开发的有特色的新产品。

多年来复读机功能不断得到发展和完善,复读、跟读时间从最初的 12 秒、24 秒,发展到 200 秒、400 秒甚至更长。许多机型增加了液晶显示功能状态、智能充电、数码线控、自动评分、复读提取、仿生耳机等有特色的附加功能,其中最大的功能创造是开发了可视复读功能,使用专门的数码磁带,在放音的同时显示文字,实现即听、即看、即读。

消费者重复购买的主要动机就是产品功能的更新和完善,也说明了功能继续在复读机市场中起着绝对重要的作用。不仅如此,复读功能还从与磁带录音技术相结合发展到与光盘技术结合,开发出了 CD 复读机,成为换代的功能性产品。

该案例引发的思考是,产品的演化发展有多种途径和模式,没有必要一味赶浪头,关键是抓住消费者需求变化的趋势,走自己发展的独特道路,通过局部创新开发功能性产品,就是老产品发展的有效途径之一。

十八、可采贴眼膜的产品开发与诉求概念

可采贴眼膜投入不大,但入市启动速度非常之快,迅速在市场上占领了一席之地,品牌知名度在销售量不断提升的前提下,急速蔓延开来。

透视可采贴眼膜,能够在竞争激烈、品牌众多的市场上迅速入市,以小投入获得高产出的营销模式,其成功之处主要是产品概念"深得民心"。

可采的产品开发和诉求概念主要是从中草药养眼入手,宣扬其产品具有防止黑眼圈、眼疲劳、眼袋、鱼尾纹的独特功效。这对于中国大部分信赖中草药独特功效的消费者来说,更容易对品牌产生信任感。以纯名贵中药植物为主要来源,集人参、当归、珍珠、芦荟等 26 种植物于一体的强势诉求,更加强了品牌的可信度。

1983 年 7 月,中国创新学研究会第一届学术研讨会在广西南宁举行,在会上日本专家村上幸雄拿出一包曲回形针说:"请诸位朋友,动动脑筋,打破框框,说出曲别针的用途,看谁的创新性思维开发得好,说得最多、最奇特!"大家七嘴八舌,说了 20 来种。村上幸雄莞尔一笑,伸出 3 个手指头。"30 种!"村上幸雄摇摇头道:"300 种!"人们惊讶了。就在这时我国与会者许国泰宣称:"对于曲别针的用途,我能说出 3000 种、30000 种!"接着许国泰就此问题发言说:昨天大家和村上讲的用途可以用 4 个字概括,就是

勾、挂、别、联,要启发思路,使思维突破这个格局,最好的办法是借助于信息坐标和信息反应场。许国泰先把曲别针进行要素分解,分解为质量、体积、材料、长度、截面、颜色、弹性、硬度、直边、圆弧10个要素,再将这些要素用直线连成信息坐标 x 轴,然后把与曲别针有关的人类实践也进行要素分解,如数学、文字、物理、化学、电、音乐和美术等,也将这些要素连成信息坐标 y 轴,两轴相交并垂直延伸就构成所谓"信息反应场"。他指出,若是两轴上各点的信息一次"相交",即进行"信息交合",思维奇迹油然而生。

例如,以"杯"为母本,以"知识"为父本,交合后可产生"趣味知识杯""历史典故杯""节气农时杯""四季星图杯"等。由此可见,交合可使人们的思路大为开阔,这样就为新产品的开发创造了有利条件。又如,制作以"手编装饰构件"为中心的图表,先从中心点画出若干条坐标线,分别为材料、结构、功能、种类、色彩等;然后在坐标线上注标点,如"种类"坐标线上注明星星、菱角、波浪结等,"功能"坐标线上注明吊饰、灯饰、项链等,最后是交合,即用同一坐标线上的信息与另一坐标线上的信息相交合,以产生新的信息,如"吊饰"与星星相交合产生"星星吊饰"与"菱角"相交合产生"菱角吊饰"。

十九、祸兮? 福兮! ——格兰仕的多元化扩张之路

(一)企业概况

格兰仕公司最初从事的是羽绒服生产,1992年转向微波炉,之后,格兰仕将原来众多与微波炉无关的产业统统放弃掉,就连年利润800万元、出口额3000万元的羽绒服产业,也果断出售,集中精力做微波炉。经过8年的专注和积累,格兰仕微波炉的国内市场占有率高达75%,全球市场占有率也高达35%;格兰仕产品销往全球80多个国家和地区,成为全球最大的微波炉生产企业。

2001年格兰仕开始形成以微波炉、空调为主导产业,豪华小饭煲为辅助产业,带上电热水器、燃气具、消毒柜、抽油烟机等小家电的"全球名牌家电专业化制造中心";空调产业发展势头迅猛,正朝着成为格兰仕第二个"全球最大"的方向高速扩张。2001年9月,格兰仕入选第一批世界行业500强企业,其销售额2000年实现58亿元,2001年突破68亿元。

(二)格兰仕的低成本战略

在10多年的企业实践中,格兰仕坚持低成本战略,逐步形成了以低成本为核心的竞争优势。格兰仕的低成本优势来自以下几个方面:

一是与欧美、日韩企业相比在劳动力制造成本上的低成本优势。每天实行三班制工作,使得格兰仕的一条生产线,相当于欧美企业的6~7条生产线,双方的工资水平、土地使用成本、水电费、劳动生产率等也都相差较大。例如,在人工成本方面,格兰仕只是欧美企业几分之一甚至十几分之一。

二是格兰仕实现了由规模经济带来的生产低成本优势。据分析,100万台是单间工

厂微波炉生产的基本规模要求,格兰仕在 1996 年就达到了这个水平。到 2000 年年底,格兰仕微波炉生产规模已达到 1200 万台,是松下的 8 倍。生产规模的迅速扩大带来了生产成本的大幅度降低,使其在市场竞争中的价格远远低于国内外竞争对手。大规模、低成本,一直是格兰仕在竞争中取胜的法宝。

三是格兰仕还取得了在筹供、销售、科研和管理等多个方面的规模经济。例如,在 20 世纪 90 年代中期,格兰仕利用其产量上的优势,在与磁控管供应商的讨价还价过程中取得了有利地位,成功迫使对方连续大幅度降价;又如,格兰仕在 2000 年投入的研发费用高达 2 亿元,但是分摊到 1200 万台产品中,实际上每台增加的成本不足 20 元;此外,格兰仕坚持遵循"大企业按小企业来管理"的思路,即尽管企业不断成长,但格兰仕坚决通过限定管理层人数来控制行政管理费用,1 万多员工规模的企业,其管理人员仅为 300 多人,至今其常务副总经理都是在大办公室中与员工一起工作。

(三)格兰仕的品牌渗透战略

格兰仕于 21 世纪初提出的国际化经营目标是"成为全球最大的微波炉制造中心"。这个目标没有强调以"格兰仕"品牌推出的产品在全球市场上的份额,而强调了格兰仕公司生产的产品的份额。

格兰仕借助贴牌生产(original equipment manufacturer,OEM)来实现这个目标,借助在国外当地市场受欢迎的品牌来实现产品向海外的渗透,同时也扩大格兰仕公司在海外的声誉,为最终确定自己的全球化品牌奠定基础。事实证明,这种品牌渗透屡见成效。从 1997 年到 1999 年,在产品的出口总量中,格兰仕的自有品牌与 OME 之比从 1∶9 发展到 3∶7 再到 4∶6,呈逐年上升的趋势。

(四)格兰仕进军空调业

格兰仕进军空调业时,国内外空调业利润越来越薄,空调企业纷纷患上"移民病":一是世界空调业向中国转移;二是沿海空调企业向内地转移;三是空调巨头向非空调业转移。业内外都不看好空调大势,但格兰仕在其进军空调业前做过的一份"中国空调业调查报告"中发现,在中国,一件大众家电产品的定价应该是一个普通工薪家庭一个月的收入,这样的产品才能畅销;如果超出这一价格"三八线",则很可能"叫好不叫座"。空调已进入市场成长期的初期阶段,市场前景十分看好,收入水平高的家庭,往往有几台空调,办公室等集团消费量也不小,整个市场容量远比微波炉市场大,而且竞争的残酷性远不如微波炉市场。从世界市场来看,欧、美、日等企业纷纷将空调生产转移至国内,中国将成为制冷业的世界生产大国,所以格兰仕选中空调制冷产业作为它的第二个战略目标。但空调市场的竞争也非常激烈,这里已经存在着几十家中外著名的空调厂商,LG、松下等跨国巨头严重依赖此类产品"谋生",国内美的、格力、海尔等巨头对空调产业也是绝不放弃。另外,从企业规模讲,与海尔、美的等企业相比,格兰仕还是一个轻量级的选手。空调的技术难度远超出微波炉的技术难度,中外知名企业都已经对中国市场非常熟悉。由于品牌众多,价格大战持续不断,空调业已从早期的暴利产业走向微利产业,大量空调企业纷纷转行、停产,空调价格却还在继续走低,产品利润越来越薄。

从2002年的情况来看,空调销售不旺,厂家商家普遍日子难过。中国家电协会提供的数字显示,预计全国空调总生产能力为2500万台,而实际中国市场的容量是1200万~1500万台。除出口外,中国空调总库存将达到700~1000万台,这是当时6年的最高纪录,它无疑将导致企业现金流的严重危机。

(五)格兰仕面临的空调难题

格兰仕的大部分微波炉客户不一定有销售空调的经验,即便是在国内市场上,格兰仕空调的影响力既远逊于格力、美的等一线品牌,同时还落后于海信、奥克斯、科龙等诸多品牌,加上中国空调市场正处于大规模"洗牌"的前夕,格兰仕凭什么能吸引大的经销商加盟到自己的阵线中来呢?而随着中国成为"世界制造中心"的到来,格兰仕再也难以像在微波炉领域那样"堤内损失堤外补",而必须是"攘外同时还需安内",没有巩固的后方(国内)基地,格兰仕空调拓展国际市场的步伐必然会受阻,甚至停滞不前。

空调市场历来就有"三分产品,七分安装"的说法。空调出厂后只是半成品,对安装服务的要求很高,售后服务量巨大,而微波炉几乎不需要什么售后服务。因此,格兰仕没有专业的家电售后服务公司,必须建立强大的售后服务部门,而售后服务网络的建立和完善并非一朝一夕的事,需要长期开拓和积累。

格兰仕进入空调领域之后,专业人才匮乏成为制约格兰仕向前发展的最主要因素。格兰仕虽有数千名大学生员工,但其中绝大部分都是为微波炉服务的,真正具有制冷专业知识的人才十分缺乏。格兰仕空调的现有管理层及营销人员,几乎清一色是从微波炉领域转行而来。

(六)格兰仕向空调行业扩张的优势

第一,没有库存包袱,能轻松上阵,主动出击。

第二,确保商家经营零风险,是格兰仕维护工商之间关系的最重要原则。

第三,格兰仕不搞分销网络和做终端,坚决按专业分工原则做好生产制造环节,做自己最擅长的事情。

第四,格兰仕用20多年的心血换来的诚信口碑——做的永远比说的好,确保商家获取合理商业利润。

第五,格兰仕的规模制造效应和"小狗经济"式的营销管理,真正体现大企业的实力、小公司的活力,使格兰仕能灵活作战、灵敏出击。

第六,格兰仕在微波炉行业派生出来的各种优势,如成本优势、管理优势、营销优势等,将真正用在空调操作上,增强企业内在竞争力。

第七,格兰仕稳健的财务体系和全球采购的规模优势,为格兰仕空调事业的发展提供强有力的后盾。

第八，格兰仕出奇制胜的营销策略，为促进商家的销售创造强大的拉力。

（七）格兰仕在空调行业的行动

2001 年 6 月，格兰仕通过无形资产置换有形资源，"买 2999 的空调，送 2888 元的手表"，发动了空调促销的"六月风暴"，震惊业界。随后空调二三线品牌纷纷跟进，空调价格迅速走低。2001 年年底盘点，空调平均价格由 2000 年的 4500 元下降到 2001 年的 3500 元左右。

2002 年 3 月，格兰仕发动"珠峰行动"，将其喷涂系列 20 款主力空调全线降价，平均降幅近 30％；4 月格兰仕发动第二轮降价，将其高档不锈钢系列空调大幅降价，随后，引发国美、大中等商家和奥克斯、华宝空调厂家的全线降价。2002 年年底盘点，空调平均价格由 3500 元降为 2500 元左右。经过前两年的实战，格兰仕空调已提前实现了将空调价格降一半的目标。

格兰仕有关负责人表示，格兰仕永远是大众的品牌，随着规模化水平的提高，格兰仕空调将沿袭微波炉的发展道路，倡导货真价实，而且要先让国人享受到实惠。但是，降价的前提是产品质量过硬和品牌服务到位，而这些都需要企业长期稳定的投入来加以保证，格兰仕还不具备频繁打价格战的条件，既不可能通过亏损来赢取短暂的市场，更不可能让辛辛苦苦树立起来的品牌砸在以牺牲产品质量来进行阶段性降价行为上。

（八）技术设备与生产管理

格兰仕空调以高起点、高品质、高品位，采用世界最顶尖的技术大规模介入空调业。格兰仕空调生产线是以日本三菱电机生产线为蓝本，采用世界空调制造业最先进的美国 OAK 热交换器加工设备，世界最顶尖的日本东芝大型注塑机，世界最先进的意大利开料机以及世界最先进的电泳涂装生产线，即是集成了全世界最先进尖端装备生产出来的，极大地确保了格兰仕空调处于世界最先进的水平。

在与日本三菱技术合作的基础上，格兰仕引进国内外先进管理和员工培训，建立了严格而科学的管理体系，先后荣获英国标准协会（British Standards Institution，BSI），香港品质保证局（Hong Kong Quality Assurance Agency，HKQAA）及中国广东质量系统认证中心颁发 ISO9002 认证证书，并取得 CE、GS 认证，所有产品均取得国家"产品安全认证长城标志"，荣获"广东省节能产品""北京国际家用电器展览会金奖""中国空调王子""全国用户满意产品""97 中国市场十大畅销品牌""广东省优新产品""广东省名牌产品""广东省外商投资双优企业""技术创新优势企业""质量效益型先进企业"等多项殊荣，成为全国空调行业十大知名品牌之一。格兰仕空调是在零缺陷标准下用"显微镜"一台一台严格把关制造出来的，制造格兰仕空调的生产线机械化及自动化程度属于世界最先进的空调生产线之一。格兰仕空调生产运用光电控制系统、电脑检测自动焊接机、机械手及全自动输送线，年生产规模已突破 100 万台（套）的水平。

格兰仕空调之所以能后来居上，从制造的角度看，所用设备都是先进的专业设备，与国内的老品牌、螺丝刀工厂拉开了距离；在生产方式上，格兰仕吸收了丰田制造精髓，并加入"超市管理"的创新元素；在技术方面，格兰仕引进大批跨国公司的精英，并与相关科研院所结成了战略同盟。正因为拥有如此众多的比较优势，格兰仕空调一开始就凭借弹性化、开放式、低成本、高效率的制造体系，获取了大批稳定的海外订单。

二十、SMH 公司产品定价策略

欧米茄（OMEGA）、雷达（RADO）、浪琴（Longines）、斯沃琪（Swatch）、天梭（Tissot）等名表居然是同一家公司的兄弟姐妹，都是全球最具规模的制表集团斯沃琪（Swatch，在 2000 年之前叫 SMH 公司）旗下的手表品牌。为了凸显各品牌个性，SMH公司从未主动宣传这些品牌源自同一企业。

事实上，Swatch 旗下的不同品牌性格迥异，凸显着其独特的一面，消费者易于根据自己的身份、职业、收入、社会地位的需要做出购买选择。如欧米茄代表着一种成功人士或名人尊贵豪华的选择，而雷达表是高科技的象征，至于斯沃琪则是前卫和时髦、潮流人士的首选。在广告宣传与市场推广中，体现着品牌的鲜明个性。欧米茄精心挑选一些国际性和地区性的名人作为形象大使，比如国际知名人士，如超级名模辛迪·克劳馥、莱·麦克弗森，好莱坞国际影星皮尔斯·布鲁斯南，世界一级方程式冠军车手迈克尔·舒马赫，高尔夫杰出人物思尼·艾斯等，在中国则选用了陈露等。欧米茄的彩页杂志广告均以一幅体现欧米茄大使非凡个性和时尚风采的照片，口号："欧米茄——我的选择（OMEGA — MY CHOICE）。"对消费者而言，人人都渴望成功和成名，自然对那么多名人也佩戴的欧米茄表产生共鸣和购买欲，以此寻找成功人士的感觉。

反观 SMH 公司其他品牌如雷达表的广告，你从不会发现有什么明星出现，卖点和推广完全表现在高科技制表工艺和材料上，如"表面为硬度仅次于钻石的蓝宝石水晶，紧贴手腕""配合晶莹光洁的表盘，高贵典雅""白色表带由高科技陶瓷材料制成，坚硬耐磨，永不褪色"。据悉，Swatch 公司在今后发展的过程中，在旗下品牌不会有很大冲突的情况下，会再收购开发一些品牌，填补现有品牌设计、造型等空白，以满足更多消费者的需求；但是，品牌个性的宗旨是永不放弃的。

同样，发展系列产品时未引入新品牌反而放弃原有品牌个性而招惨败的案例不胜枚举。"派克"钢笔号称钢笔之王，是一种高档产品。人们购买"派克"笔，绝对不仅仅为了买一种书写工具，更主要的是购买一种形象、体面、气派，高档次是"派克"笔行销市场的支撑点。1982 年，"派克"公司新任总经理彼特森上任后不是巩固和发展自己的市场强项——高档产品，而是去争夺低档笔市场，热衷于生产经营每支 3 美元以下的大众化钢笔，结果没过多久，"派克"公司不仅没有顺利地打入低档笔市场，反而让对手克罗斯公司乘虚而入，"派克"笔的高档笔市场被冲击，市场占有率下降到 17％，销量只及克罗斯公司的一半。因为"派克"笔经营低档笔后,其"钢笔之王"的形象和美名受到损害,不能再满足人们以"派克"为荣和体现身份的心理需要,它失去顾客是情理之中的。其实,"派克"如果真的很想占有低档市场,引入一个新品牌才是上策。

相比较而言,丰田就比派克聪明。丰田公司准备争夺高档豪华车市场,但丰田十分明白自己的实力,跟大多数日本车一样,丰田与旗下各品牌如花冠、皇冠、佳美等在消费者心目中"低档、省油、廉价车"的形象已根深蒂固,要改变公众心智中固有的观念谈何容易,于是丰田专为高档车推出一个全新品牌雷克萨斯。经过数年呕心沥血、潜心研究,隆重上市,一役而成功。雷克萨斯车上还故意隐去企业名称,车身上未标有丰田的标志,而丰田公司的其他品牌,如花冠、佳美等车上都标有丰田标志。这是丰田为了不让消费者对丰田公司传统品牌与新品牌之间产生联系,消除丰田形象对高档车的营销障碍而做的刻意安排。如果雷克萨斯标上丰田标志或干脆直接用丰田、佳美、皇冠等品牌来推高档豪华车,能跟宝马、林肯、奔驰这些早已令大家钦羡不已的豪华品牌一决雌雄吗?无独有偶,本田推出高档车时,也采用了全新品牌 ACCURA,车身也故意隐去本田的标志。

二十一、星巴克的秘密

通常,消费者有这样的认识,在营业场所主打的招牌食品,往往是很便宜的;但是你并不能仅仅消费这一样,相关的其他食品就很贵。这是一般的价格逻辑。因而聪明的消费者,会积极回避消费相关的产品或者服务。例如,住星级酒店没问题,并不太贵,但是要避免去酒店的餐厅用餐。

从逻辑上,咖啡馆应该在小蛋糕之类的点心上打上较高的毛利,而咖啡本身则是平价商品。这却不是星巴克的认识,在星巴克,类似小蛋糕之类的点心的价格,与顾客在商场购买的价格接近,而且它的风味更为独特,秘密就在于,它赚的是咖啡钱。

30 块钱一杯的咖啡是昂贵的吗?这且不论,但是 35 块钱一扎啤酒肯定是不便宜,通常的价格应该是 5 块钱。星巴克的强势品牌,使顾客的敏感度降低了。

因为在咖啡中已经获得丰厚的盈利,所以服务员不会强烈暗示顾客还"应该"另点一些其他食品,这就形成了轻松的氛围。氛围不仅来自墙面的招贴画和有意暴露在外的装修,更包括没有服务员多余的热情。

二十二、英特尔公司如何为奔腾芯片定价

英特尔公司对"486 微处理器"计算机芯片和后来的"奔腾"芯片的定价方式,向我们展示了新产品定价在新产品能否在市场上获得成功方面所起的重要作用。

由于对手在开发有竞争力的芯片方面还比较落后,因此英特尔公司就给"486 芯片"定了一个很高的价格。但速度比"486"快了两倍的"奔腾"芯片投放市场时,英特尔公司

得知摩托罗拉公司正与 IBM 和苹果公司合作开发类似的芯片。于是,公司就实施了较低的定价,以便在短时间内销售出更多的产品,从而打击摩托罗拉公司进入市场的最初努力。这一战略在英特尔公司获得了成功。

二十三、国美的扩张之路

(一)低价策略,制胜关键

在中国家电业发展的历史上,国美的成功可谓是一个奇迹。1987 年,国美还是北京市区一个面积不足 100 平方米的街边小店,主要是销售进口家电。2003 年以后,国美已经发展成为拥有 15 家分公司、130 家门店,年销售过亿,员工 10000 多名的大型家电连锁零售超市。其间,国美最引以为豪的就是低价策略,这是他们制胜的重要法宝。

国美之所以能做到低价,首先在于他们抛开了一切中间商,直接向厂家承诺大销售量的包销和巨额现款采购,以此争取厂家的优惠价格和政策。其次,依靠全国性连锁超市的规模经营,国美做到了快进快出,以销定价,注意库存的合理性,以明天能卖多少或到后天中午能卖多少来决定今天的进货量。最后,更重要的是国美采用"招标""定制"等新型营销手段。

为了向消费者提供实实在在、物超所值的价格,在日常经营中,国美实行"差价补偿"的消费承诺。如果顾客在国美购买的商品价格比其他商场高,国美将对差额部分给予消费者加倍的补偿,从而保证国美电器在日常经营上的价格优势。

(二)连锁规模,推动发展

莱诺,是国美发展史上的又一次成功创举。当国美由一家门店扩展到几家门店的时候,一个曾经是模糊的前景构想,在国美决策者的头脑中逐渐清晰起来:立足北京,走全国性家电连锁之路,将国美建设成为"全国性家电连锁超市"。

国美扩张的第一站选在天津。1999 年 7 月 10 日,国美的两家连锁店在天津开业了。由于所售商品价格比天津市场上便宜 100 至 200 元,有的甚至达到 400 至 500 元,于是引来津门百姓的抢购,但同时也引来了当地不少商家的不满。

1999 年 12 月 4 日,国美在天津的第三家店开业,3 天销售额 412 万元;2000 年 4 月 15 日,天津南开商场开业,前 3 天的销售额超过 500 万元。国美在天津站住了脚跟,并得到巨大发展。

1999 年 12 月底,国美又在上海同时开设 3 家门店,使媒体惊呼,"北方的狼抢滩上海"。同样,在上海国美电器也曾受到当地家电商家的联合抵制,但国美同样凭借自身的优势在沪上市场闯出了一条生路。

在进军上海和天津的过程中,国美坚定了发展全国零售连锁网络的决心。其后,国美一路势如破竹,从 2000 年 12 月开始,相继在成都、重庆、郑州、西安、沈阳、青岛、济南、广州、深圳、武汉、杭州、宁波、福州、哈尔滨等地开设门店,扩张脚步的加快,使得国美的销售业绩节节攀升。2003 年上半年以销售额 85.18 亿元位列中国连锁 30 强第三名。

2004 年 3 月 27 日才开张的国美电器长沙芙蓉店,一开门就迎来了万人拥戴的好局面,这也预示着一个新的家电零售巨头在长沙这个消费城市攻城略地的开始。国美电器的到来无疑给长沙家电市场注入了一支强心剂,市场骤然激活。而国美电器自身的发展也是如虎添翼,屡战屡胜,仅 8 个月的时间开出了 4 家门店。

二十四、身价不凡的橘子皮

橘子皮,中药称其为"陈皮"。罐头厂不生产中药,百货公司的食品部也不卖中药,但汕头的一家罐头厂在北京王府井百货大楼竟把橘子皮卖出 33 元钱一斤的价格! 这事谁听了谁都会觉得有些"邪乎",可你抽空到北京王府井百货大楼食品部看一看,就会发现这是真的:身价不凡的橘子皮,堂而皇之地躺在玻璃柜台上,每大盒内装有 15 g 包装的 10 小盒,每盒 10 元,如此折算,每斤售价高达 33 元之多。

汕头这家食品厂,原本生产橘子罐头,以前鲜橘装瓶后,橘子皮就被送进药材收购站,价格是几分钱一斤,近年来加工橘子罐头的多了,橘子皮几分钱一斤也卖不出去,于是他们在橘子皮上打主意——难道橘子皮除了晾干后入中药用,就没别的用场了吗? 他们组织人力开发研究其新的使用价值,终于开发出了一种叫"珍珠陈皮"的小食品。但是产品开发出来了,要以什么样的价格将其投放市场? 他们进行了市场分析评估:

(1)这种小食品的"上帝"多为女性和儿童,城市的女性和儿童多有吃小食品的习惯。

(2)城市妇女既爱吃小食品又追求苗条、美容,惧怕肥胖;女孩子则视吃小食品为一种时髦。

(3)儿童喜欢吃小食品,家长也从不吝惜花钱,但又担心小孩过胖。

(4)珍珠陈皮的配料采用橘皮、珍珠、二肽糖、食盐,经加工后,味道很好,食后还有保持面部红润、身材苗条的功能,由于采用小包装,吃起来也很方便。

(5)市场上当前很少有同类产品。

于是这种小食品采用高价策略进入了市场。一斤橘子皮卖 33 元钱,就是那些引领新潮消费的年轻女士也称太贵。可是,当她们买了尝过之后,又介绍给别人去尝,儿童们更是口手不离。于是,33 元钱一斤的橘子皮,真的成了"挡不住的诱惑",诱得求购者纷至沓来。亚运会期间,北京展览馆亚运购物中心举办的商品展销,评定出的单项商品销售冠军,竟然就是这 33 元钱一斤的"橘子皮"——珍珠陈皮。

二十五、奥康渠道"三次革命"

在一个凡事都讲创新的年代,市场用利润和销售增长的方式奖励着以创新赢得客户的公司,得终端者得天下。从过去到现在,渠道问题依然是企业营销的核心话题。从分销、扁平化到直销,从专卖店到大卖场,从制造商、经销商到零售商的这个链条里,新的故事不断上演。

1990年代早期,由奥康开创的"厂商联营,引厂入店"的营销模式,为鞋业营销模式的第一次革命——厂家承租国营商场柜台,自产自销,进而开设"店中店""专柜"。当时的销售模式,多级分销,中间环节过多,利润多重瓜分,容易引起严重的渠道冲突,不利于市场信息的反馈和厂家控制,也难以统一品牌形象。不过那时消费者普遍信赖大商场,如果能进入商场这个渠道,品牌塑造上可以占据优势。

奥康的第二次革命出现在1998年,当时王振涛意识到"麦当劳式"的连锁模式应该是奥康跑马圈地的最好选择。当时在市场一线做销售的员工发现,1998年前后,各地的大商场普遍陷入经营困境,由于改制不到位,机制僵化,管理紊乱,效益不佳,很多商场更是由于行业不景气而日渐衰败,在流通渠道中的作用明显减弱,"皮鞋在商场中不好卖了"。

皮鞋的销售有着季节性强、小批量、型号多、服务性强等特点,比较适合采用专卖店的流通形式。如果发展连锁专卖网络,可以达到大量圈地,迅速在二、三级城市进行扩张的目的。当时一经推出,可以说是风靡一时,多的时候,一天就有四五家连锁店开张营业,剪彩都来不及。

1998年奥康首开鞋业连锁,其专卖店在短短的5年时间,在全国开设了3000家。而鞋业连锁模式亦得到业界认可,已成为中小鞋业企业扩张之路的不二选择。但后来,奥康在其"大本营"——长三角,也遭遇了始料未及的危机。因为在全国,长三角的房价上涨幅度首屈一指,上海、杭州、温州的房价全面上涨20%到30%,有的地段升幅甚至超过70%。所以销售终端的很大一块利润都要被房租吃掉,很多商店只能惨淡经营,服饰行业、连锁专卖都面临同样的问题。而连锁店通常对选址的要求严格,一般要选在人流量大的城市中心位置。

从2002年开始,奥康计划将旗下几个品牌积聚起来在一个零售店出售,开设国内鞋业独有的"品牌超市",定名为"名品空间",包括自己的奥康、康龙、美丽佳人3个主力品牌和一个意大利鞋业巨头合作的GEOX品牌,分别代表4种不同风格消费体验的产品。这是一个大趋势,多元化专卖店将取代单品牌专卖店,这可以视之为奥康对终端的又一次革命。

从2002年11月,温州总部的第一个"名品空间"样板店开业,短短数月,在全国范围内复制了70余家连锁店,全部为直营。此外,"名品空间"也不必开在一流地段的一流位置,可以选取相应的二流地段的一流位置。同样的面积,地段租金至少相差3倍以上,这就给成本控制留下了很大余地。

二十六、娃哈哈的渠道控制

怎样完成"最后一公里"的销售？娃哈哈的体会是：利益的有序分配，让经销商有利可图，只有双赢，他才会帮你用力吆喝。就饮料、家电等产品而言，一般有 3～4 个环节的利益分配。高价的产品如果没有诱人的价差分配，也无法引起经销商的积极性；而低价产品如果价差控制得当，仍然可以以量大而为经销商带来利润。有序地分配各级经销层次的利益空间，不但是生产商的责任，更是控制市场的关键所在。

娃哈哈认为，生产商推出任何一项促销活动或政策，首先应该考虑的便是设计一套层次分明、分配合理的差价体系。当今很多企业在营销中，喜欢动辄"超低空"，以低价轰炸市场，以为只要我的价格比别家的低，肯定就卖得比别家的火，其实未必。因为没有考虑差价的低价，无疑让经销商无利可图，他不给你用力吆喝，不把你的产品摆在柜台上，买卖交易的"最后一公里"仍然无法达到。

二十七、渠道纷争

2002 年 5 月下旬，"南昌百货"（以下简称"南百"）第四家卖场城东分店招商。"南百"告知各供应商进驻城东分店须按每种品牌 1500 元标准缴纳入场费，并按每户每月450 元标准缴纳管理费，此规定一出即刻引起了众供货商强烈的不满和抵制。

为此，"上好佳""乐百氏""农夫山泉""郑新出"等 200 多种品牌商品的南昌供货商认为，按"惯例"交 1500 元的入场费可以接受，但收取 450 元的管理费毫无根据。当"上好佳"南昌地区供应商——新佳副食品采购供应站明确表示不接受"南百"的招商条件后，"上好佳"商品被"南百"强行撤下货柜。同时，"完达山"牌奶粉、"阿明"牌瓜子等一些食品的供应商也接到了撤货通知。这令供货商大为吃惊和气愤：如果不交这两笔钱，供货商在"南百"其他 3 家卖场食品超市的业务也将被终止。

到了 6 月 19 日，距"南百"城东分店开业还有一个星期，"乐百氏"等近 200 个知名品牌食品的 16 家南昌供货商结成同盟，表示将同时把各自供应的品牌商品撤出"南百"。这将使"南百"失去约占 60％的副食品品牌，失去食品种类的 60％，"百货"称谓将名不副实，对顾客的吸引力无疑大打折扣。关键时刻，在多方面的介入和调停下，供货商和百货大楼握手言和，百货大楼做出让步，25 家供货商如要进入城东分店，将免收相关费用，并将撤柜的产品在 6 月 28 日前全部上架。

二十八、"舒蕾"的终端战略

1989 年 3 月，丝宝集团在香港注册成功，经过 13 年的发展，其在中国洗化用品领域已与宝洁、联合利华等跨国巨头形成三足鼎立之势。1989 年年底，丝宝化妆品在中国内地面市。1996 年 3 月，武汉丝宝集团的全新护理洗发露——"舒蕾"上市，按既定营销方案展开全国战役,一炮打响,掀起一股"红色"热潮,舒蕾风暴很快席卷了全国。

2000 年,舒蕾销售回款额超过 15 亿元人民币,全国的市场占有率为 15%,跃居洗发水市场第二,作为单一品牌在市场上仅次于飘柔,超过了宝洁的海飞丝、潘婷等品牌,丝宝集团也由一个中小化妆品企业一举成为国内仅次于宝洁、联合利华的化妆品巨头。2001 年,"奥妮皂角""百年润发"开始正面挑战宝洁洗发水王国,丝宝集团的"舒蕾"暗暗与宝洁、联合利华较量,还有一大批新生军加入了市场竞争行列,如"丽涛""飘影""拉芳"等一系列名不见经传的品牌纷纷亮相,一心要与宝洁争夺中国洗发水市场。激烈的市场竞争结果是:2001 年,宝洁的飘柔市场占有率接近 30%,仍居鳌头,宝洁的海飞丝排名第二,丝宝的舒蕾紧随其后,市场占有率为 6.1%,销售额上升到 16 亿元,成为中国洗发水领域的一匹黑马。

在具体实施过程中,舒蕾在各地设立分公司,对主要的零售点直接供货并管理,建立由厂商直接控制的垂直营销体系,更有效地控制渠道终端资源,方便更多自有品牌的销售,并且充分保证经营一处,成功一处,收获一处,使资金迅速回笼,实现盈利性拓展。在各大卖场,舒蕾积极争夺客源,争取比竞争对手更多的展位与陈列空间,通过人员促销开发市场,最大限度地发挥终端战略优势,促进消费者的品牌偏好转换,转换到舒蕾品牌的产品,从而有效地遏制竞争产品的销售。经营业绩充分表明,舒蕾大量利用相对便宜的人力推销、终端促销来抢占洗发水市场,不失为"投入少,产出大,见效快"的营销利器,因此丝宝的这种"人海大战"式的营销取得了较大成功。

二十九、罗氏制药公司的失败

2003 年 2 月 8 日,一条消息在广东迅速蔓延——广州出现多例流感性脑炎致死病例,几家医院有数位患者死亡。"死亡"加剧了人们的恐惧,一时之间流言四起。

2 月 9 日,罗氏制药公司于广州召集各路媒体,发布了广州发生的疫情可能是禽流感及其产品"达菲"治疗该病疗效明显的消息。之后,这条信息在网络和手机上广为流传,社会上开始充斥"非典型脑炎就是禽流感,达菲是特效药"的说法。人们的恐慌继续加深,由此也导致了广东省家禽销售严重受挫。据媒体报道,谣言传出之后,广东省最大的肉鸡生产商和供应商肉鸡销售量减少一半,鸡苗根本卖不出去,广东很多餐馆与家禽有关的菜肴也乏人问津。而罗氏制药公司的医药促销人员也以"达菲能治禽流感"为由四处游说各大医院进货,"达菲"在广东省内的销量伴随谣言的传播骤增。2 月 8 日前,广东省内销量仅 1000 盒,2 月 9 日后飙升到了 10 万盒。在整个事件中,罗氏公司的所作所为引起《南方都市报》的怀疑。

2 月 15 日,《南方都市报》发表了文章指责罗氏制药制造谣言以促销其药品,并向广东省公安厅举报。证据主要集中在 3 方面:①政府已经公开辟谣,广东的非典型脑炎并非禽流感;②权威专家认证,"达菲"只是甲型乙型流感的特效药,对禽流感无效,对治疗非典型脑炎亦无明显效果;③"达菲"传播了有利于其销售的虚假信息,从而取得了巨大的销售成绩。

如果《南方都市报》的指责成立,那罗氏制药将面临法律的惩罚,按照新刑法的规定,以散布谣言的危险方式危害公共安全,尚未造成严重后果的,处 3 年以上 10 年以下有期徒刑;造成严重后果的,要处以 10 年以上有期徒刑、无期徒刑甚至死刑。另外,罗氏制药涉嫌违反药品管理有关条款,《中华人民共和国药品管理法》中明确规定,制药厂不得召开以介绍处方药性能为主要内容的各种形式的发布会、咨询会、推广会,也不得在大众传播媒介发布广告或者以其他方式进行以公众为对象的广告宣传。

三十、乐达乳制品公司的营业推广

2004 年年初,乐达乳制品公司决定在北京市场推广某种新产品。该公司认为,目前送奶到户已经成为一种时尚,国内一些城市送奶到户的奶量已达到总需求量的 50%。而北京市此项工作并没形成气候,乐达乳制品公司又是一家本地企业,在送奶到户方面具有独特优势。要做到送奶到户,产品就要讲求"纯""鲜""消毒",以此为目标,乐达公司选择了如下两条渠道:第一条,公司—经销商—零售商—大中型卖场—终端消费者;第二条,公司—奶站—终端消费者。

为了配合销售,该公司还采取了一系列的销售促进活动,具体为:在鲜奶产品上市的第一个月,开展"买三赠一"活动,激励更多的人来购买,然后通过产品的品质留住顾客;在产品上市"买三赠一"促销结束后,采取过渡性的促销措施——"买奶中超值大奖",奖品为彩电,由用户通过抽奖获得。

在进行销售促进活动的同时,该公司还选择了广告促销手段。其中,有硬性广告——选择市内发行量较大的《晚报》《新京报》等发布市区内送奶服务站地址、电话、产品信息、服务项目、服务承诺等信息;软性广告——在《晚报》《新京报》上刊发软性文章,各篇既系列化,具有连续性,同时又独立成篇。

该公司设计的公关活动为:①"寻找受害者"活动。根据调查,以前某些公司在开展送奶到户工作中出现了很多损害消费者利益的问题。鉴于此,乐达在报纸上征集受害者 100 名,邀请他们参观公司奶牛基地、加工厂,免费赠送一个月鲜奶,同时聘请他们来当送奶服务队的质量监督员。②"为了孩子的明天"征文活动。评选一等奖 5 名,赠送半年鲜牛奶;二等奖 10 名,赠送 3 个月的鲜奶;三等奖 30 名,赠送 1 个月的鲜牛奶,征文结果在报纸上公布。③"乐达奖学金"。公司与高校共设奖学金,同时倡导学生能够勤工俭学,利用课余时间参加公司举办的送奶到户宣传、征订活动,除了正常支付学生的日常工资,对工作业绩突出的学生予以奖励。

送奶到户涉及对终端用户的管理,该公司要求做到:①建立客户档案,并使其具有录入、查询、检索、修改、汇总等较为全面的功能;②对订奶客户分类管理,其中每天订 3

袋以上者为关键客户,每天订两袋者为重点客户,每天订 1 袋者为一般客户,对不同级别的客户采取不同的回馈措施。

三十一、"冷鲜肉"连锁经营模式

2001 年,"冷鲜肉"连锁经营在国内还算是新鲜事物,业内人士甚至认为,它有可能引发中国肉类工业的一场产业革命。然而这一新型的肉类经营模式却在 2003 年以来接连受到各地的抵制和"封杀"。该经营模式是以销售生鲜肉及肉制品为主的一种连锁经营模式,其最为显著的特点是:各连锁店实行"五统一"的发展模式,即统一形象、统一标准、统一服务、统一配送和统一管理。某肉类经营集团所推行的连锁店计划是其冷鲜肉战略中的一个重要环节。目前,该集团已经在全国开设了近 600 家连锁店,其中河南200 家、湖北 40 家、四川 50 家、北京 20 家。该集团的目标是 5 年内将采取加盟、合资、独资等方式在全国建设 2000 家连锁店。

但是,正如上面所提到的那样,该集团所制订的推广计划遇到了阻碍。据该集团统计,至 2003 年 9 月,其冷鲜肉被公开没收、堵截的事件就超过了 50 起,通过对全国 20 多个省市的 77 个地市的调查发现,36%的地市明确禁止外地"冷鲜肉"进入,而高达 57%的地市则只准部分产品进入或在部分场所销售。

各地封杀冷鲜肉的理由多是:"只准销售当地肉联厂的猪肉"。然而众所周知的原因是,连锁经营的特点之一是总部统一配送货物,突破地域限制,从而形成了具有成本优势的价格和管理体系。显然,连锁经营的企业发展模式与肉制品经营的有关规定是有冲突的。

该集团在进入某省市场后的几个月内,该省部分地区肉类经营企业便出现了"全线亏损",大多定点的屠宰场因销量急剧下降而面临停产,近 1 万名职工可能下岗。对于当地而言,除了财政税方面的损失,社会的稳定也是他们做出封杀决定的重要因素。

该集团认为该业务是一个很好的发展机会,但是该业务所面对的威胁也是比较高的。面对环境中的威胁,该公司决定改变自己的营销组合策略来适应环境,为此该公司建立了强有力的公关部门,针对上面所出现的矛盾进行化解。

三十二、顶益食品有限公司产品的促销活动

顶新国际集团武汉顶益食品有限公司生产的"超级福满多"香辣牛肉面,是一种在质和量上经过改进后重新上市的产品。"超级福满多"比原先的"福满多"方便面,在量上,每包由过去的 100 克增加到 125 克;在质上,新的方便面在面内加鸡蛋;在佐料上,除了原来的一个调味包,还增另一个肉酱包。同时,价格也略低于市面上其他的方便面。但是,由于消费者对这种新上市的产品不了解,加之吃惯了康师傅、统一、面霸等老牌子方便面,谁都不愿意花钱去做第一个吃"螃蟹"的人,因此"超级福满多"方便面刚上

市时,销售情况不佳。

　　为了使消费者能了解这种经过改进后重新上市的产品,从而对今后购买方便面的品牌做出选择,顶益公司于 1998 年 12 月中上旬,在武汉地区的高校学生中开展了一次较大规模的"超级福满多"方便面样品派送活动。华中理工大学、武汉大学、武汉测绘科技大学、华中师范大学等重点高校是这次派送活动的重点,而这次派送使"超级福满多"在高校中快速流行起来。

三十三、王强的推销术

　　王强是一名销售员,在一家大的体育用品商店的帐篷部门工作,这家商店在报纸上做了大量的广告并在公司内设了一个产品展览厅。星期三下午,一个顾客进了展览厅,开始仔细查看展出的帐篷,王强认为他是一名潜在的顾客。

　　下面是王强和顾客之间的对话:

　　王强:正如您所见,我们有许多种帐篷,能满足任何购买者的需求。

　　顾客:是的,可选的不少,我都看见了。

　　王强:这几乎是一个万国展了,请问您喜欢哪种产品?

　　顾客:我家有 5 口人,3 个孩子都在 10 岁以下。我们想去南方度假,因此打算买个帐篷。另外,我们会换几个地方,我希望它能用四五次。

　　王强:您想要一种容易安装并容易拆下的产品?

　　顾客:是这样的,它必须够住下 5 口人,而且不能太贵,度假花销已经够多了。

　　王强:这儿的许多产品都能满足您的需求。比如这种,里面很大,可容纳您家那么大规模的家庭,且质地很轻,又防水,右边的窗子很容易打开,接受阳光,地面用强力帆布特制的,耐拉,而且地面也防水,装好它非常容易,放下来也不难,您在使用中不会有任何问题。

　　顾客:看上去不错,多少钱?

　　王强:价格合理,985 元。

　　顾客:旁边那个多少钱?

　　王强:这个圆顶帐篷是名牌,比前一个小一点,但够用,而且特性与前面一个相差无几,特别容易安装,价钱是 915 元。

　　顾客:好的,现在我已经了解了许多,星期六我带妻子来,那时再决定。

　　王强:这是我的名片,如果有问题可以随时找我。我从早上开业到下午 6 点都在这,星期六我很高兴能与您和您的妻子面谈。

　　结果顾客在星期六选择了一个帐篷并购买。通过王强和顾客之间的对话反映出王强是一个怎样的推销员? 如何才能做好一名推销员?

三十四、金六福"福星酒"的广告设计

中国进入 21 世纪可谓好运不断,加入世贸,申奥成功,国足出线,这时金六福酒业有限公司推出"福星酒",确实正是时候。

在一系列的确定市场定位、市场策略,树立品牌形象等工作之后,品牌口号就自然而然地呈现出来:"喝福星酒,运气就是这么好!"而且也与主品牌金六福的定位——"中国人的福酒"一脉相承。但广告怎么表现,怎么把抽象的概念具象化,却让设计师们颇费了一番脑筋。以往的白酒广告往往仅凭一句话、一段旋律或者一个视觉形象来换取观众的青睐,包括金六福也是凭借一个"开门见福"的概念符号和一句"好日子离不开它"的童音口号而红遍大江南北。

竞争一年年升级,卖酒已经不像原来那么简单,没有新思路就没有新出路。关于新品牌的胜出,该公司的主张就是打"综合拳"。除了一句响亮的广告语,还希望调动更多的力量来演绎产品概念。

"运气就是这么好"创意平台的雏形就这样诞生了。于是,福星酒的几则广告片都是在"逢凶化吉"的创意平台上衍生发展的,如"井盖篇"画面:

都市,高楼林立的街道,下水道由里向外的镜头:井盖被推开。俯视:井盖空着,就像一个黑黑的陷阱。一个风度翩翩的男性白领边打手机,边从一座五星级的宾馆走出来。男子一边走一边继续打手机,前面就是没有井盖的下水口了,男子仍打着手机,对即将到来的危险一无所知。就在男子的一只脚踏向空洞洞的井口时,突然一个戴着头盔的脑袋冒了出来,正好顶住了男子踏空的一只脚。男子安然无恙地继续前行。男子和二三好友一起品尝福星酒,品牌标语:金六福,中国人的福酒。

三十五、伊利集团开创乳制品行业联合促销先河

2003 年,就在"非典"让中国社会陷入一片沉寂,众多商业活动被迫取消或推迟时,伊利却在 5 月上旬抛出了 9000 万元的大营销方案,喝一杯伊利牛奶,赢万元电脑的"红配黄"计划犹如夜空中的一声惊雷。当人们出于自身健康和减少与外界接触的考虑,争相把成箱的伊利牛奶搬回家时,一台台价值万元的方正液晶电脑与数码相机等高科技产品也连同着一次次的喜悦和羡慕飞进千家万户。

中国的乳品行业领头羊与国内领先的 IT 企业进行联合,这本身就传递了一个非常强的象征性信息,同是精英的民族企业,携手合作,正是自强不息的中华民族精神的体现。而伊利"不断追求人类健康生活"的企业理念,又与在日新月异、飞速发展的 IT 行业中努力拼搏的方正科技恰似一对神交的朋友。当人们惊奇地看到乳品行业的促销礼品从一些无意义的"小家伙",一下子变成实用而极具社会发展潮流的电脑和数码相机时,时代感这个情感因素已经悄然流入伊利的品牌形象中了。

据 AC 尼尔森 2003 年 9 月数据显示,伊利在国内乳业市场份额由 2002 年的 14% 冲刺到 17.7%,将原来的乳业老大"光明"挑于马下,稳稳当当地坐上了中国乳业的头把交椅。

2004 年 4 月上旬,伊利又推出"享天然,赢健康"的促销活动。这场在全国 90 多个城市轰轰烈烈展开的市场促销活动,得到了消费者的广泛支持与参与,最受瞩目的奖品富士达 04 款珍藏版山地车到 2004 年 6 月已经送出近 7000 辆。

三十六、最简单的数字

在奥斯威辛集中营,一个犹太人对他的儿子说:"现在我们唯一的财富就是我们的智慧,当别人说一加一等于二的时候,你应该想到大于二。"纳粹在奥斯威辛杀害 400 多万人,这父子二人却活了下来,真不知是出于侥幸,还是因为他们"一加一大于二"的信念。

1946 年,他们来到美国,在休斯敦做铜器生意。一天,父亲问儿子一磅铜的价格是多少? 儿子答是 35 美分。父亲说:"对,整个得克萨斯州都知道每磅铜的价格是 35 美分,但作为犹太人的儿子应该说 3.5 美元。你试着把一磅铜做成门的把手看一看。"

20 年后,那位父亲死了,儿子独自经营铜器店,他做过铜鼓、瑞士钟表上的簧片、奥运会的奖牌。他曾把一磅铜卖到 3500 美元,不过,这时他已是麦考尔公司的董事长。然而,真正使他扬名的,并不是他的铜器,而是纽约州的一堆垃圾。

1974 年,美国政府为清理给自由女神像翻新时扔下的废料,向社会广泛招标。由于美国政府出价太低,有好几个月没人应标。正在法国旅行的他听说了这件事,立即乘飞机赶往纽约,看过自由女神像下堆积如山的铜块、螺丝和木料,他喜出望外,未提任何条件,当即就揽了下来。

许多人为他的这一愚蠢举动暗自发笑,因为在纽约州,对垃圾的处理有严格的规定,弄不好就要受到环保组织的起诉。就在一些人要看这个犹太人的笑话时,他开始组织工人对废料进行分类。他让人把废铜熔化,铸成小自由女神像;把水泥块和木头加工成底座;甚至把从自由女神像身上扫下的灰尘都包装起来,出售给花店。不到 3 个月的时间,他让这堆废料变成了 350 万美元的现金,使每磅铜的价格整整翻了 10000 倍。

在商业化社会里,是没有等式可言的。当你抱怨生意难做时,也许有人正因点钞票而累得气喘吁吁。这里面的差别可能就在于,你认为一加一永远等于二,他认为一加一应该大于二。

三十七、总裁战略

有收入,不一定有增长;有战术,不一定有战略;有人员,不一定有人才;有高管,不一定有核心团队;有企业,不一定是企业家。

总裁应该做什么？做战略管理者,做九段总裁:

一段总裁:做榜样——创业艰难,精神可嘉,以身作则,是员工学习的好榜样。

二段总裁:做文化——用商业原则和公理体系,树立黑白分明的价值观,在公司中大声说出,我们提倡什么,反对什么,并以开放的方式,大力弘扬公司文化。

三段总裁:做核心——用核心价值观,打造核心团队,形成中高管团队同意的价值观,为实现自己的梦想储备人才、锻炼人才,要求核心团队去带动员工成长。

四段总裁:做机制——建立制度、规则、流程,体现公司的价值导向,低标准、严要求,用机制管理人的行为,建立不依赖于任何能人的运作体系。

五段总裁:做模式——建立满足客户价值的业务营利模式,并要求团队认真执行,做到极致,保证公司持续营利与团队持续增长。

六段总裁:做复制——用机制复制和扩大自己的团队,在模式上做几何级成长,让中层做传承,让员工做专注。

七段总裁:做进化——信奉适者生存,强调优胜劣汰,遵从客观规律,用机制和文化进化团队,优化团队,狼性十足,打造超强的执行团队。

八段总裁:做战略——发现独特的客户价值,建立核心竞争力与持续竞争优势,带领团队去实现各个阶段的战略目标,不战而屈人之兵。

九段总裁:做未来——建立战略运营体系,选好梯队接班人,为企业打好长青基业,为公司留下原则和精神。

第二节　创业案例分析

一、坐困愁城的发明家

能源危机引起了各种各样严肃而又有趣的发明,这些发明都是为了节省矿物燃料或开辟新的能源。比如用廉价原料玉米制成液化气、利用太阳能和风能,或采用可使用多种能源的机器以提高原料的利用率等。

有位发明家研制了一种同时兼备上述 3 种特点的小汽车,他将汽油箱改为一个高效能的快速甲烷发生器,该发生器可把有机物如杂草等,随时转化为燃料;汽车棚顶上装有太阳能电池板,当甲烷用完时可由电池驱动,而在平时电池板给蓄电池充电;另外,车上还装有一对风翼,以便在风向和风速适宜的条件下使用。这种汽车采用最先进的设计、材料和工艺技术,不仅质量轻,而且装有十分理想的气动装置。

这位发明家认定这是一个成功的创造,因此便回到老家——墨西哥的一处深山里。

他自信世界上所有的厂商都会蜂拥而至,坐等在家也会有人踏出一条通向他家的路来,可最后什么人也没等到,那项杰出的发明放在那里生了锈,布满了尘埃。

【案例思考】发明家研制的小汽车为何无人问津? 这个案例给我们什么启示?

【案例分析】为什么没人来买这位发明家的小汽车呢? 就是因为没有进行营销,他没让需要购买汽车的顾客知道他的产品,也没有把这种汽车的优点和情况告诉顾客,即使有人远道而来购买汽车,恐怕这位发明家也不知道给汽车定多高的价格。

这位发明家没有对其产品进行分配,没有进行广告宣传和定位,最糟的是他没有考虑市场,更没有考虑到影响市场的环境。首先,当时墨西哥发现了大量的油田和天然气,不存在能源危机问题,以致对他那种汽车的需求量不大;其次,这种车最多只能乘坐4个人,而墨西哥人的家庭往往人口较多;最后,他也没有考虑到环境保护者的干预,因为甲烷发生器会产生污染。他认为这种汽车在美国会有可观的市场,因为那里汽油短缺且价格高,可他没料到墨西哥政府和某些官员会反对向美国出口这种汽车,因为向美国出口这种汽车,会减少美国对墨西哥石油的潜在需求量。由于没做任何营销方面的工作,没有国内市场,又遇到环境困难,发明家这种"奇妙"的小汽车没能给他带来一个比索。

这个案例给我们的启示是:产品的好坏要以是否符合消费者的需要来评判,再好的产品也必须进行营销。

二、福特汽车公司的市场观念

美国福特汽车公司的创办人福特曾经说过:"不管顾客的需要是什么? 我们的汽车就是黑色的。"因为在那个时代,福特汽车公司通过采用大量流水生产组织形式,大大提高了福特汽车的生产效率,大大降低了汽车的生产成本,从而大大降低了福特汽车的售价,使福特汽车供不应求,清一色的黑色汽车畅销无阻,不必讲究市场需求特点和推销方法。显然,整个市场的需求基本上是被动的,消费者没有多大选择余地。

【案例思考】美国福特汽车公司奉行什么样的市场观念?

【案例分析】该公司奉行产品观念。产品观念认为,只要产品质量好,有特色、价格廉,就会受到消费者的青睐,而不愁销路,不太重视产品品种、式样与功能等的创新和销售。

三、皮尔斯堡面粉公司的市场观念

一家美国皮尔斯堡面粉公司20世纪20年代以前的口号是:本公司旨在制造面粉。30年代左右,它的口号改为:本公司旨在推销面粉。一些存货待售的企业,则更加重视推销技巧。

在这种情况下,推销观念的出现,提高了市场营销在企业经营工作中的地位,是经营指导思想的一个进步。但是,推销观念并未脱离以生产为中心,"以销定产"的范畴。因为它的着眼点仍然是产品,即仍是着眼于既定产品的推销,至于推销的产品是否满足顾客的需要,则未予以足够重视。

【案例思考】美国皮尔斯堡面粉公司奉行什么样的市场观念?

【案例分析】该公司奉行推销观念。推销观念认为,企业推销什么产品,消费者就会买什么产品。在这种观念的指导下,企业经营的重点是:注意运用各种推销手段和广告宣传向消费者大力推销产品,以期提高市场占有率,扩大产品销售。

四、美国皮尔斯堡面粉公司市场观念的转变

20世纪50年代前后,美国皮尔斯堡面粉公司经过调查,了解到战后美国人民的生活方式已发生了变化,家庭妇女采购食品时,日益要求多种多样的半成品或成品(如各式饼干、点心、面包等)来代替购买面粉回家做饭。针对消费者需求的这种变化,这家公司主动采取措施,开始生产和推销多种成品或半成品的食品,使销售量迅速上升。1958年,这家公司又进一步成立了皮尔斯堡销售公司,着眼于长期占领食品市场,着重研究今后3年至30年消费者的消费趋势,不断设计和制造新产品,培训新的销售人员。

【案例思考】美国皮尔斯堡面粉公司市场观念有何转变?

【案例分析】该公司市场观念由推销观念向市场营销观念转变。市场营销观念认为,消费者需要什么产品,企业就应当生产和销售什么产品,换言之就是,能卖什么,就生产什么。在这种观念的指导下,企业营销的重点是,以消费者需求为中心和出发点,集中企业一切资源和力量,综合运用各种营销手段,通过千方百计地适应和满足消费者需求,实现企业的利润目标。

五、珀杜鸡场的盈利能力

珀杜鸡场饲养肉鸡收入15亿美元,盈利率高于同行,其肉鸡在主要市场的占有率达到50%,而其产品只有鸡。虽然鸡从来就是一种差别不大的商品,但该公司的创建者弗兰克·珀杜不相信"鸡就是鸡",也不相信顾客就是顾客。他提出保证给不满意的顾客退款,他是这样专心于生产优质的鸡,使顾客愿意多付钱买它们。珀杜通过控制饲养环节培育出了优良的品种鸡,这种鸡的饲料中不含化学成分和类固醇成分。1971年,弗兰克·珀杜提出了著名的广告语"硬汉培育好鸡",从此他和他的广告语成了该公司的标志。1995年,弗兰克·珀杜把公司移交给了他的儿子吉姆,他的广告队伍也是借此把他推向全国。珀杜公司有这样一句广告词:"在经历了三代的奋斗之后,珀杜对于鸡的喂养知识知道的比鸡多。"另外,吉姆·珀杜强调:"我们一直努力工作,以确信您如今买的珀杜鸡与您过去从我父亲那里买到的鸡一样,肉质鲜嫩,美味可口,或者有过之而无不及。"

【案例思考】珀杜鸡场的营销观念是什么？

【案例分析】珀杜鸡场的营销观念是市场营销观念。

六、汉堡包快餐行业受到的批评

汉堡包快餐行业提供了美味可口的食品,但受到了批评。首先,食品虽然可口却没有营养。汉堡包脂肪含量太高,而餐馆出售的油煎食品和肉馅饼都含有过多的淀粉和脂肪。其次,出售时采用方便包装,因而导致了过多的包装废弃物。在满足消费者需求方面,这些餐馆可能损害了消费者的健康,同时污染了环境。

【案例思考】汉堡包快餐行业为什么受到批评？说明了什么？

【案例分析】因为它一味迎合消费者,却忽略了消费者和社会的长远利益。这个案例说明人们认识到,单纯强调市场营销观念,可能忽视满足当前消费需要与全社会的整体利益和长远利益之间的矛盾,从而导致资源浪费、环境恶化、危害人类健康等诸多弊端。

社会营销观念认为,企业的合理行为应该是在满足消费者需求的同时,还要考虑社会的整体利益和长远利益。在此基础上,谋求企业利润目标的实现。企业提供任何产品或服务时,不仅要满足消费者的需要和符合本企业的利益,而且要符合消费者与社会的整体利益和长远利益。

七、《英雄》一部电影的辉煌纪录

中国电影市场最成功票房营销案例——《英雄》,这部电影上市20天就创下了超过两亿元的票房,而当年风靡全球的《哈利·波特》,在中国创下的票房仅为6300万元。

让《英雄》成功的,不仅仅是电影本身,更在于营销策划、市场推广的创新。《英雄》组成了阵容强大的明星剧组,早在2001年年初,新画面公司就开始借助团队的明星效应,持续制造新闻。在媒体的支持下,这些"新闻广告"高强度持续进行了两年时间,终于让大量中国人按捺不住,走进影院观看这个中国有史以来营销最成功的电影,这些人中间包括几乎从来不看电影的人。

《英雄》以令人赞叹的耐心、丝丝相扣的营销策划和长达两年的新闻公关,位列本年度十大营销创新案例之首,《英雄》必将以营销的创新写入中国电影史。

【案例思考】《英雄》成功之处在哪里？

【案例分析】《英雄》所获得的空前成功,把电影营销策略和营销组织性推进到了前所未有的程度。《英雄》以后的中国电影将越来越倾向于大制作、倾向于告别艺术电影、倾向于向好莱坞靠拢。

八、"力波"啤酒:喜欢上海的理由

力波啤酒曾是上海最受欢迎的本土啤酒之一。1996年三得利落地上海后,力波因为营销手段落后、口味不佳,在三得利的进攻中阵地屡屡失陷,还曾因攻击三得利水源质量,被三得利告上法庭,既丢了官司,更丢了市场。2001 年开始,力波啤酒开始了自己的抗争历程。力波创作的广告歌曲《喜欢上海的理由》很快风靡上海,在广告歌的推动下,力波的销量迅速回升。2002 年 6 月,亚洲太平洋酿酒公司接手力波,并成功推出超爽啤酒、改变产品瓶体;力波还利用韩日世界杯的机会,和众多饭店联盟,推广看足球、喝力波的营销活动。世界杯之后,力波继续和餐馆终端联盟,推出"好吃千百种,好喝有一种"的广告攻势,引导消费者改变消费行为。力波啤酒的成功,是因为它对本土意识的巧妙利用,连续不断发动的创新推广方式,以及这些活动在改变消费者消费行为、提升销量、增加品牌美誉度等方面的良好效果。

【案例思考】从市场营销环境特征的角度,分析"力波啤酒"成功的原因。

【案例分析】力波的成功,体现了地方情节在啤酒、香烟等产品消费上的重要作用,尽管已有很多啤酒作为地方品牌存在,却极少有啤酒主动打上地方标签;力波的成功为啤酒、香烟等产品如何巧妙利用地方情绪提供了最好的案例。力波和餐饮终端联合推进的策略,则反映了终端在营销战中的地位不断上升。

九、光明麦风:新鲜牛奶＋天然纤维

2002 年,光明牛奶除了大力推广"无抗奶"行业标准,还在产品创新方面取得了成就。光明牛奶在当时推广的麦风,给人们留下了深刻印象。这种介于豆奶和牛奶之间的产品,并不是光明的首创。上海一家豆奶厂在当年率先创新推广了一种全新的豆奶——大麦奶,在豆奶中加入大麦的香味。但种种原因,这个产品并没有取得成功。不久以后,光明就推出了自己的麦风。上海当时上市的保健食品美多膳食纤维素,也帮助麦风完成了部分市场教育工作。光明牛奶虽然推出的时间较晚,但这些产品中间,只有光明麦风靠大麦和膳食纤维赚到了钱。光明牛奶具有较强的开发创新性产品的能力,以及它不断翻新的营销传播方式——光明牛奶的高钙奶,还一反常态在上海报媒投入了软文广告,宣传光明高钙奶的补钙作用,试图和补钙保健品共同分享补钙市场。

【案例思考】运用直接营销环境六大构成要素分析光明麦风。

【案例分析】光明牛奶的快速反应能力、对竞争对手的尊重、坚持产品创新的态度,无疑是它成为领导企业的法宝。光明麦风的成功也证明,如今的营销,需要更多的研究——既研究消费者,更要研究竞争对手,同时还要量力而行。

十、王麻子剪刀:老字号申请破产

在得知王麻子剪刀向法院提出破产申请时,《人民日报》的记者在报道中写道:迄今已有 352 年历史的著名老字号王麻子剪刀厂,难道会就此终结?"北有王麻子,南有张小泉。"在中国刀剪行业中,王麻子剪刀厂声名远播,历史悠久的王麻子剪刀,早在(清)

顺治八年(1651 年)就在京城菜市口成立,是著名的中华老字号。数百年来,王麻子刀剪产品以刀口锋利、经久耐用而享誉民间。即使新中国成立后,"王麻子"刀剪仍很"火",在生意最好的 20 世纪 80 年代末,王麻子一个月曾创造过卖 7 万把菜刀、40 万把剪子的最高纪录。但从 1995 年开始,王麻子好日子一去不返,陷入连年亏损地步,甚至到借钱发工资的境地。审计资料显示,截至 2002 年 5 月 31 日,北京王麻子剪刀厂资产总额1283 万元,负债总额 2779 万元,资产负债率高达 216.6%。积重难返的王麻子,只有向法院申请破产。曾经是领导品牌的王麻子为什么会走到破产的境地呢?王麻子企业沿袭计划经济体制下的管理模式,缺乏市场竞争思想和创新意识,是其破产的根本原因。长期以来,王麻子剪刀厂的主要产品一直延续传统的铁夹钢工艺,尽管它比不锈钢刀要耐磨好用,但因为工艺复杂,容易生锈,外观档次低,产品渐渐失去了竞争优势。而王麻子剪刀却没能给出措施,及时引进新设备、新工艺;数十年来王麻子剪刀的外形,设置也没有任何变化。故步自封,安于现状,王麻子剪刀终于被消费者抛弃。

【案例思考】从市场营销间接环境的角度,分析王麻子剪刀老字号申请破产原因。

【案例分析】只有不断变革、创新,才能保证企业永葆青春。适者生存,物竞天择,让故步自封、不思变革的企业淘汰出局——不管故步自封者拥有多少年的历史,拥有多么辉煌的过去!

十一、禁烟运动

美国的法律规定,禁止向青少年出售香烟,同时以 1997 年 4 月为起点,到 12 年后即 2009 年 4 月禁止在香烟中使用尼古丁。因为,据世界卫生组织研究发现,吸烟是一种流行病,它与肺癌、喉癌、心脏病、弱视症等 25 种疾病有关,吸烟行为每年导致世界300 万人死亡。现在全世界 15 岁以上的人群中有 1/3 的人在抽烟,因此必须开展禁烟运动。

【案例思考】由于吸烟有害健康,禁烟运动在我国开展也将是一种必然趋势,用对营销环境分析的基本观点对案例进行分析。

【案例分析】制定禁烟法律和发展禁烟运动,是香烟产品营销环境的变化。对营销环境消极适应者采取的对策是禁烟法律实施后的再研究营销对策,而积极适应者则及时预测禁烟法律制定与实施的时间,积极开发无尼古丁香烟、禁烟产品、香烟替代品等,并制定相应的营销策略,制造新的需求,开发新的市场。

十二、美国罐头大王的发迹

1875 年,美国罐头大王亚默尔在报纸上看到一条"豆腐块新闻",说是墨西哥畜群中发现了病疫。有些专家怀疑是一种传染性很强的瘟疫。亚默尔立即联想到,毗邻墨西哥的美国加利福尼亚、得克萨斯州是全国肉类供应基地,如果瘟疫传染至此,政府必定会禁止那里的牲畜及肉类进入其他地区,造成全国的供应紧张,价格上涨。于是,亚默尔马上派他的家庭医生调查,并证实了此消息,然后果断决策,倾其所有,从加、得两州采购活畜和牛肉,迅速运至东部地区,结果一下子赚了900万美元。

【案例思考】环境变化对生意有何影响?

【案例分析】环境具有变动性的特点。墨西哥畜群发生病疫,可能牵连到美国加、得两州肉类向美国东部地区供应。亚默尔很快看到这一营销环境变化给企业带来的市场机会,果断决策,倾其所有,从加、得两州采购活畜和牛肉销至东部地区,变潜在市场机会为公司市场机会,结果赚了大钱。

十三、成长快乐专为中国儿童设计的维生素

2000年以来,引领中国消费品营销创新的保健品行业陷入困境,一直没有产生令人印象深刻的成功案例。3年来也许只有3个全国性推广的新产品表现尚可——康复来的血尔、太极集团的睡宝、养生堂的成长快乐。但是血尔凭借的是康复来的终端优势;睡宝则是利用了脑白金转型礼品、成熟的睡眠市场出现暂时空白的特殊市场态势;只有成长快乐,通过和跨国公司品牌金施尔康、善存等正面交锋,赢得了自己的市场。3年来,全国性推广的保健品,只有成长快乐还值得写上一笔。

2001年下半年上市的成长快乐,依据中国第三次全国营养调查结果研制,是根据中国儿童营养状况设计的儿童维生素矿物质营养补充剂。在美国市场上,复合维生素、矿物质产品占据保健品销售额的半壁江山,可谓是保健食品市场上的战略产品类别。除了跨国制药公司施贵宝、苏州立达,中国市场上的地下"进口维生素"还有很多。养生堂、上海健特等扛起民族大旗,引领众多民族企业对洋维生素发动反攻。在众多产品中,迄今为止获得重大成功的还只有成长快乐。原因是成长快乐定位准确集中,创意表现直观,概念简单实用。更重要的是,在这场战争中,真理和本土企业站在一边。

养生堂成长快乐在保健品寒冬中仍能成功运作新产品,体现了其敏锐的市场感觉与强大的营销能力。

【案例思考】成长快乐如何为中国儿童设计维生素?分析成长快乐的差异化策略。

【案例分析】养生堂很可能是中国本土企业中策划能力最强的企业。成长快乐在保健品寒冬中的迅速崛起,令人印象深刻。成长快乐等保健品的成功,证明今天的保健品营销,实际上是针对竞争对手进行的战争,而不再是为了满足消费者的需要。因此,广告轰炸不再有用,而需要花更多实践去研究竞争对手,需更重视广告的成本效益,需更重视差异化。

十四、金龙鱼"1∶1∶1"

金龙鱼的广告词"1∶1∶1",曾经被一些浅薄的广告人认为是本年度最失败的广告

语之一。但如同"今年过节不收礼，收礼只收脑白金"一样，这是一个成功的营销案例。

金龙鱼第二代调和油主要是为了应对鲁花花生油的进攻，它把鲁花主打的健康概念，向前推进了一大步。金龙鱼认为人体饮食中饱和脂肪酸、单不饱和脂肪酸和多不饱和脂肪酸达到 $1:1:1$ 的比例时，最有益于健康。尽管有广告人认为这个概念普通消费者很难看懂，其科学性值得怀疑；但通过推广"$1:1:1$"，金龙鱼大大减轻了"鲁花"对其的压力。

金龙鱼的成功反映了在消费品推广中，"健康"牌越来越重要。同时也表明，在同质化的激烈竞争中，中国市场仍然存在大量机会，只是需要企业提供更好的概念和升级产品推广技巧。

金龙鱼面对市场挑战时快速的反应能力，以及在食品油市场中，第一个和消费者讲道理，深度传播自己产品有益于"健康"的创新行为——从此以后，再不是只有保健品才和消费者讲道理了。

【案例思考】何为保健食品？什么是健康概念？如何进行产品创新？

【案例分析】金龙鱼推广自己健康概念的方法，在普通食品中非常新鲜；但在保健品中是老生常谈。保健品行业几乎试遍了各种说服消费者的方法，以至于现在几乎不能说服消费者了；但保健品行业的推广方法在食品、饮料、服装等众多传统行业，仍有着巨大的适用空间。健康食用油、新鲜果汁、高钙牛奶、含铁酱油、营养强化面粉……健康概念在快速消费品中越来越重要，这将为很多传统产品提供产品创新的机会。当时，上海已经出现了大豆蛋白内衣，将来也许我们还要穿上不含甲醛、不染色的天然彩棉内衣。

十五、肝复春，老百姓的保肝品

中国人肝不好，乙肝病毒携带者高达人群总数的 10% 左右。单从数字上分析，肝保健品市场潜力巨大。但实际上，肝保健市场一直是药品的自留地，在容量有限的肝保健品市场上，众多产品竞争激烈。2002 年 9 月，在上海上市的肝复春却在保健品的冬天，创造了一个奇迹。

为了能从激烈的肝保健品市场上脱颖而出，肝复春第一次引入了锐利营销理论。专业肝保健品日均价格均在 10 元以上，肝复春则将自己定位为老百姓的护肝品，第一次将肝保健品价格降到 7 元左右。

肝复春的产品概念与竞争产品截然不同，大大降低了传播成本。为吸引消费者购买，肝复春在上市过程中，把赠送常规化，并以此作为和消费者沟通的主要方式。它把"长期赠送试用、试用带动消费"当成指导策略。其篇幅很小的广告，除了宣传自己的平民本色、产品功效，有限的广告大部分用在说服消费者到终端去免费领取试用品上。

【案例思考】肝复春的产品概念与竞争产品有何不同？试分析保健品行业的营销手段。

【案例分析】肝复春极端的营销手段证明：保健品行业的竞争远比其他行业更加激烈；而这样极端的营销方法的出现，证明保健品行业已走到了需要彻底洗牌的地步，如果还把保健品当成药品来卖，那就只能这么极端。

十六、亚都加湿器给皮肤喝点水

"皮肤的肌纤维由大量水溶性胶源蛋白构成，水分的流失会导致肌纤维收缩变形，乃至形成不可恢复的皱纹，使用空调或者电暖器的房间空气尤其如此。"不要以为这是佳雪保湿霜的广告，这是消费电器——亚都加湿器的广告。尽管它把"胶原蛋白"写成了"胶源蛋白"，尽管皮肤中从来没有什么"肌纤维"；但这个看起来像化妆品的广告，却取得了良好的销售业绩。

针对冬天应用空调、电暖气后，室内空气干燥的情况，亚都声称："亚都超声波加湿器采用每秒 170 万次高频率振荡……科学有效地增加空气湿度，主动为您的肌肤补水，合乎您和家人的健康。"

亚都敏锐观察市场，适时出现，在营销传播上表现出杰出的创新才华。把家电当成化妆品来卖，亚都很可能是第一家。亚都的渠道策略，也类似于化妆品，它没有进入家电超市，而主要在百货商场销售。

【案例思考】亚都超声波加湿器是家用电器还是化妆品？亚都超声波加湿器在营销传播方式上有何特点？

【案例分析】把家用电器当成化妆品来销售，听起来匪夷所思，但很成功。营销人要敢于想象——想一下能否把保健品当成食品卖而不是药品，能否把家电当成化妆品而不是家电。亚都保湿器还证明了电器消费越来越清晰的趋势——从电视到手机、空调，再到洗碗机，现在都需要"健康化"。

十七、素儿迷你痘贴膜有效针对新生痘

"小痘痘"不见了！但这一次不是小护士。化妆品行业用美女头像宣传产品之风由来已久，很多跨国化妆品公司坚持的传播策略，让不少本土化妆品企业、本土广告公司中毒甚深，尝尽苦头——运用这种策略的本土化妆品企业，不是已经灭亡，就是正走在通向灭亡的路上。

继化妆品种的可采眼贴膜率先使用保健品营销方法，快速成长为眼部护理化妆品第一品牌后，2002 年在上海上市的素儿迷你痘贴膜，同样创新了自己的营销推广方法。素儿设计的平面广告，成功地将产品的功效性和时尚性融为一体，它创造的素儿卡通形象，已经深入上海热爱卡通、追求时尚的女孩儿心中；素儿在上市之初，成功运用女孩子们的偶像 F4 来推动产品销售；在营造时尚氛围的同时，它更时刻不忘讲述自己的功效——"有效针对刚长出的单个或多个新生痘"。

【案例思考】素儿的成功之处在哪里？试分析保健品营销的方法。

【案例分析】素儿是可采思路的延续，素儿成功之处在于功能性和时尚性的巧妙融合，更让人钦佩的是素儿用温和、低成本的方式快速启动了市场。可采、素儿的成功是对那些不愿意动脑筋的本土化妆品企业的嘲讽。

参考文献

[1]沈炜，王宁宁.ERP沙盘模拟实验课程初探[J].中国管理信息化，2007(A01)：73-74.

[2]兰亦青.ERP沙盘模拟对抗实训课程教学创新探讨[J].科技信息，2007(18)：156-157.

[3]张春萍.ERP沙盘模拟实训方式探析[J].开封大学学报，2005，19(4)：32-33.

[4]王萍，黄钢.沙盘游戏应用于临床心理评估的研究进展[J].中国健康心理学杂志，2007，15(9)：862-864.

[5]刘消寒.ERP沙盘模拟及其在运营管理课程中的应用[J].现代教育科学，2008(9)：75-78.

[6]郑惠珍.ERP沙盘模拟在高校教学中的应用综述[J].实验科学与技术，2010，8(5)：70-72.

[7]申荷永，陈侃，高岚.沙盘游戏治疗的历史与理论[J].心理发展与教育，2005，21(2)：124-128.

[8]杨倩，黎成茂，潘霞，等.地方高校创新创业实践育人模式的探究[J].高教学刊，2021，6：52-55.

[9]靳敏.中职电子商务专业创业实战教学探析[J].成才之路，2017(15)：47-47.

[10]郭琼，彭越.基于工学结合的市场营销创新创业实战校内实训研究与实践[J].经营管理者，2014(35)：446-446.

[11]张小惠，白帆，霍亚光.大学生创新创业实践平台建设的探索与实践[J].实验技术与管理，2020，37(3)：28-30.

[12]刘洋溪，钱梦婷，袁梦迪.新时代高校创新创业实践育人体系建设与运行机制研究[J].湖北成人教育学院学报，2021，27(2)：5-10.

[13]李敏，郭永彩，刘嘉敏，等.测控与电子信息类创新创业实践平台建设与实践[J].实验室研究与探索，2018，37(8)：206-210.

[14]王海斌.创新创业基础[M].厦门：厦门大学出版社，2022.

[15]李岩，李涵旭，顾福珍，等.应用型本科创新创业实践教育在人才培养中的定位分析[J].黑龙江工程学院学报，2019，33(12)：66-68.

[16]王占仁，孔洁珺.中国高校创新创业价值观教育研究[J].国家教育行政学院学报，2019(10)：23-30.

[17]何军.大数据对企业管理决策影响分析[J].科技进步与对策，2014，31(4)：65-68.

[18]陈斌，邱健，黄福祥，等.基于校企合作模式的大学生四进阶创新创业实践链的思考与实践[J].广西质量监督导报，2020，238(10)：56-57.

[19]黄兆信，黄扬杰.创新创业教育质量评价探新——来自全国1231所高等学校的实证研究[J].教育研究，2019，40(7)：91-101.

[20]叶岚.高校创新创业课程体系构建研究[J].中国成人教育，2019，21：61-63.

[21]扶群英，彭小平.全面预算管理是企业管理的需求[J].中国管理信息化，2010(2)：40-42.

[22]王倩，乌兰.应用型本科高校"以赛促创"创新创业实践教育体系研究[J].赤峰学院学报（自然科学版），2019，35(12)：129-130.

[23]赵越岭，郭栋，白锐，等.自动化专业创新创业实践平台的建设[J].教育现代化，2018，43：30-33.

[24]薛来，蔡毅飞.验证性实验中融合探究性和实战性的探索与实践[J].实验技术与管理，2010，27(11)：162-164.

[25]吕长江，赵宇恒.国有企业管理者激励效应研究——基于管理者权力的解释[J].管理世界，2008(11)：99-109.

[26]温东荣，郭晓云，尤钦民，等."五位一体"系统性应用型创新创业人才培养模式探索[J].科教导刊，2022(14)：141-143

[27]徐向波，何光美.大学生创新创业校内实践基地的建设探析——以四川旅游学院焙烤食品开发与应用创新创业实践基地为例[J].创新创业理论研究与实践，2021，4(14)：180.

[28]李文鑫，程煜，韩敬敬.创新创业实践教育背景下大学生能力素质提升的问卷调查与分析[J].创新创业理论研究与实践，2021，4(18)：184.

[29]郭珊珊.大数据背景下大学生创新创业实践路径探索[J].创新创业理论研究与实践，2020，3(11)：195.

[30]朱常龙，潘勇.高等学校创新创业教育实践教学体系研究[J].创新创业理论研究与实践，2021，4(1)：1.

[31]胡俊文，戴瑾，叶元.国际经济与贸易专业实践教学改革研究——基于跨境电商创新创业实战平台[J].江苏经贸职业技术学院学报，2017(6)：79-82.

[32]王海斌，温东荣，郭晓云，等.实践与训练对高校创新创业竞赛推动作用的调查研究[J].高教学刊，2021(17)：36-43.

[33]屈跃宽，王新磊，李想，等.与专业教育深度融合的进阶式大学生创新创业实践模式的构建及实施——以中国海洋大学食品科学与工程学院为例[J].教育教学论坛，2020(35)：93-94.

[34]何玉芬.应用型本科院校创新创业实践平台建设研究[J].西部素质教育，2018，4(1)：103-104.

[35]张泽旺，王峥灿，林棋进.基于"云上超市"的创新创业实践与探索[J].电子世界，2020(14)：15-17.

[36]袁利平，廖欣.我国高校创新创业教育研究的主题构成与未来趋势[J].贵州师范大学学报（社会科学版），2019，5：95-106.

[37]王建华.创新创业：大学转型发展的新范式[J].南京师大学报（社会科学版），2018，5：24-32.

[38]郭晓云，尤钦民，温东荣，等.地方应用型本科高校实践育人现状的调研与分析[J].高教学刊，2021(21)：46-49.

[39]杨秀丽.新经济背景下大学生创新创业生态系统构建[J].继续教育研究，2019，1：41-48.

[40]李杰.大学生创新创业教育与专业教育深度优化融合探析[J].中国成人教育，2019(5)：38-41.